كتاب ملفات تعريف الارتباط المثالي للمبتدئين

100 وصفة لإتقان فن الخبز وصنع حلويات رائعة للأصدقاء والعائلة

أندرو بيري

تنصل

تهدف المعلومات الواردة في هذا الكتاب الإلكتروني إلى أن تكون بمثابة مجموعة شاملة من الاستراتيجيات التي أجرى مؤلف هذا الكتاب الإلكتروني بحثًا عنها. الملخصات والاستراتيجيات والنصائح والحيل ليست سوى توصيات للمؤلف ، وقراءة هذا الكتاب الإلكتروني لن تضمن أن نتائج المرء ستعكس نتائج المؤلف تمامًا. بذل مؤلف الكتاب الإلكتروني كل الجهود المعقولة لتوفير معلومات حديثة ودقيقة لقراء الكتاب الإلكتروني. لن يكون المؤلف وشركاؤه مسؤولين عن أي خطأ أو سهو غير مقصود قد يتم العثور عليه. قد تتضمن المواد الموجودة في الكتاب الإلكتروني معلومات من جهات خارجية. تشتمل مواد الجهات الخارجية على الآراء التي أعرب عنها أصحابها. على هذا النحو ، لا يتحمل مؤلف الكتاب الإلكتروني المسؤولية أو المسؤولية عن أي مواد أو آراء خاصة بطرف ثالث.

الكتاب الإلكتروني هو حقوق الطبع والنشر © 2022 مع جميع الحقوق محفوظة. من غير القانوني إعادة توزيع أو نسخ أو إنشاء عمل مشتق من هذا الكتاب الإلكتروني كليًا أو جزئيًا. لا يجوز إعادة إنتاج أي جزء من هذا التقرير أو إعادة إرساله بأي شكل تم نسخه أو إعادة إرساله بأي شكل من الأشكال دون إذن كتابي صريح وموقع من المؤلف.

2

جدول المحتويات

جدول المحتويات 3

المقدمة.. 7

الكوكيز.. 8

1. بسكويت اللوز الغريبة 9
2. بسكويت السكر البني... 11
3. كوكيز شورتبريد بندق المكاديميا المغطى بالشوكولاتة 13
4. ملفات تعريف الارتباط بالفاكهة الغريبة 16
5. ملفات تعريف الارتباط اللافندر..................................... 19
6. ملفات تعريف الارتباط موكا الغريبة 21
7. ملفات تعريف الارتباط بالفول السوداني............................ 24
8. ملفات تعريف الارتباط الغريبة المتبل 27
9. بسكويت الكعك بالجوز 29
10. بسكويت أوريغون بالبندق.. 31

بسكويت الشوكولاتة... 33

11. **بسكويت البريتزل والكراميل 34**
12. **القنب باكاي كوكي... 36**
13. **كيك ميكس كوكيز 38**
14. **بسكويت ديفيل كرانش 40**
15. **ملفات تعريف الارتباط البقان...................................... 42**
16. **براونيز الكريمة المخفوقة.. 44**
17. **خليط كيك ساندويتش كوكيز 46**
18. **جرانولا وبسكويت الشوكولاتة...................................... 48**
20. **ملفات تعريف الارتباط الألمانية 50**
21. **أنيسيت كوكيز 52**
22. **ملفات تعريف الارتباط الخضراء الحلوة............................ 55**
23. **بسكويت الشوكولاتة المقطعة 57**

بسكوتي.. 60

3

24.	براوني بيسكوتي	61
25.	بسكوتي باللوز	64
26.	اليانسون بيسكوتي	67
27.	اليانسون والليمون بيسكوتي	70
28.	الكرز بيسكوتي	73
29.	بسكوتي بالبندق والمشمش	76
30.	بسكوتي بالليمون والروزماري	79

حلويات السكر 81

31.	بسكويت سكر اللوز	82
32.	حلويات السكر	84
33.	بسكويت السكر مع فروستينج كريمة الزبدة	86
34.	بسكويت سكر بابل اللوز	89
35.	بسكويت السكر الأميش	91
36.	ملفات تعريف الارتباط الأساسية من شحم الخنزير	94
37.	بسكويت القرفة والسكر	96
38.	بسكويت السكر المكسور	98
39.	بسكويت سكر البقان	100
40.	بسكويت السكر بالتوابل	102
41.	بسكويت سكر الفستق	104

كعكات الجبن 106

42.	ملفات تعريف الارتباط الجبن	107
43.	كوكيز شوكليت تشيب	109
44.	كوكيز جبنة كريمة المشمش	111
45.	كوكيز بالجبن بزبدة الفول السوداني	113
46.	الكوكيز المنزلية الجبن	115
47.	بسكويت دقيق الشوفان بالجبن القريش	117
48.	جبنة كريم وجيلي كوكيز	119
49.	قطع كوكيز جبنة كريم	121
50.	كوكيز زبدة الفول السوداني بجبنة كريم جامبو	123
51.	بسكويت الجبن المكسيكي	125
52.	ملفات تعريف الارتباط بالجبن البرتقالي الكريمي	127

53.	كوكيز التفاح بالجبن بالأعشاب	129
54.	كوكيز جبنة الريكوتا	131
55.	بسكويت جبنة شوكو كريم	133

كوكيز الزنجبيل 135

56.	الجدة GINGERSNAPS	136
57.	أولاد الزنجبيل	138
58.	كرات شوكولاتة رم	140
59.	كوكيز دبس الزنجبيل	142
60.	كعك عيد الميلاد بالزنجبيل المطاطي	144
61.	إسقاط الكوكيز الزنجبيل	146
62.	كوكيز الزنجبيل والليمون	148
63.	كعك الزنجبيل قليل الدسم	150
64.	اليقطين وبسكويت الزنجبيل الطازج	152
65.	بسكوت الزنجبيل الناعم	154
66.	بسكويت الزنجبيل أحلام سعيدة	156

ملفات تعريف الارتباط المسقطة 158

67.	قطرات التوت البري البرتقالية	159
68.	قطرات السكر البرقوق	161
69.	كعك عطلة الهلال الفيني	163
70.	قطرات التوت البري HOOTYCREEKS	166
71.	ملفات تعريف الارتباط بقطرة التفاح والزبيب	168
72.	ملفات تعريف الارتباط عنبية	170
73.	ملفات تعريف الارتباط CHERRY DROP	172
74.	الكوكيز قطرة الكاكاو	174
75.	تاريخ ملء الكوكيز إسقاط	176
76.	طعام الشيطان يسقط ملفات تعريف الارتباط	179
77.	بسكويت هيكوري نوت دروب	182
78.	كوكيز قطرة الأناناس	184
79.	ملفات تعريف الارتباط بالزبيب والأناناس	186
80.	الكوكيز قطرة الكوسة	188

190	ساندويش الكوكيز	
191	كوكيز شوكولاتة ترافل	81.
194	شطائر الشوفان بالكريمة	82.
197	كريم باف وكيك إكليرز الدائري	83.
200	ساندويتش آيس كريم كوكي	84.
202	سندويتشات الفراولة الايطالية	85.
204	سندويتشات كيك الجزر	86.
207	آيس كريم الزنجبيل والمكسرات	87.
210	كوكي شوكولاتة وساندويتش فانيليا	88.
212	ساندويتش آيس كريم فانيليا صويا	89.
214	ساندويتش آيس كريم إكس راي	90.
217	آيس كريم شوكولاتة صويا	91.
220	سندويتشات دبل شوكولاتة	92.
222	ساندويتش آيس كريم شوكولاتة بجوز الهند	93.
224	موز شوكولاتة مجمدة	94.
226	ساندويتش آيس كريم كوكي	95.
228	سنيكر دودل	
229	دقيق الذرة	96.
232	سنيكر دودلز قليل الدسم	97.
235	سنيكر دودلز القمح الكامل	98.
238	شراب البيض SNICKERDOODLES	99.
241	شوكولاتة سنيكر دودلز	100.
244	استنتاج	

المقدمة

تشير كلمة ملف تعريف الارتباط إلى "كعكات صغيرة" مشتقة من الكلمة الهولندية "koekje" أو "koekie". تحتوي ملفات تعريف الارتباط على العديد من نفس المكونات الموجودة في الكعك باستثناء أنها تحتوي على نسبة أقل من السائل مع نسبة أعلى من السكر والدهون في الدقيق.

يمكن تحضير وصفات ملفات تعريف الارتباط في عدد لا يحصى من الأشكال والنكهات والقوام ، ويمكن تزيينها. يبدو أن كل بلد لديه مفضلاته: في أمريكا الشمالية هي شريحة الشوكولاتة ؛ في المملكة المتحدة هو كعكة الغريبة. في فرنسا ، السمور والمعكرون. و biscotti في إيطاليا.

عادةً ما يتم تصنيف وصفات ملفات تعريف الارتباط حسب سيولة الخليط أو العجين ، وتحديد طريقة تشكيلها - القضبان ، أو الإسقاط ، أو صندوق الثلج / الثلاجة ، أو القالب ، أو الضغط ، أو الملفوف. بالإضافة إلى ذلك ، فإن بعض أنواع ملفات تعريف الارتباط هي أنواع فرعية لأنواع أخرى. يحدد نوع وصفة ملفات تعريف الارتباط التي سيتم تحضيرها طريقة الخلط ، ولكن بالنسبة لمعظم ، يتم استخدام طريقة الكيك أو الكريمة التقليدية. يمكن خبز ملفات تعريف الارتباط أو تسميتها بدون خبز ، حيث يمكن صنعها من الحبوب الجاهزة للأكل ، مثل رايس كريسبيز ، أو دقيق الشوفان ، أو المكسرات ، أو الفاكهة الجافة ، أو جوز الهند ، وتوضع مع شراب مطبوخ أو قاعدة سكر ساخنة مثل أعشاب من الفصيلة الخبازية المذابة والزبدة.

الكوكيز

1. بسكويت اللوز الغريبة

المحصول: 3 دزينة

مكونات

- 1 كوب طحين لجميع الأغراض
- نصف كوب نشا ذرة
- نصف كوب سكر بودرة
- 1 كوب لوز مفروم ناعماً
- نصف كوب زبدة خففت

الاتجاهات

a) يُمزج الدقيق مع نشا الذرة والسكر البودرة ؛ يقلب في اللوز. أضف الزبدة تخلط بملعقة خشبية حتى تتكون عجينة طرية.

b) شكل العجين إلى كرات صغيرة. مكان على ورقة الكعكة غير مدهون؛ تسطيح كل كرة بشوكة خفيفة الطحين. اخبزيها على درجة 300 درجة لمدة 20 إلى 25 دقيقة أو حتى تتحول الحواف إلى اللون البني الفاتح فقط.

c) تبرد قبل التخزين.

2. بسكويت السكر البني

المحصول: 12 حصة

مكونات

- 1 كوب زبدة غير مملحة درجة حرارة الغرفة
- 1 كوب سكر بني فاتح معبأ
- 2 كوب طحين لجميع الأغراض
- نصف ملعقة صغيرة ملح
- 1 ملعقة كبيرة سكر
- 1 ملعقة صغيرة قرفة مطحونة

الاتجاهات

a) يسخن الفرن على 325 درجة. زبدة خفيفة مقاس 9 بوصات. باستخدام الخلاط الكهربائي ، اخفق 1 كوب زبدة في وعاء أكبر حتى تصبح خفيفة ورقيقة.

b) يضاف السكر البني ويخفق جيدا. باستخدام ملعقة مطاطية ، اخلطي الدقيق والملح (لا تفرطي في الخلط). اضغطي العجين في المقلاة المعدة. يُمزج السكر والقرفة في وعاء صغير. نرش سكر القرفة على العجينة. تقطع العجينة إلى 12 قطعة ، باستخدام المسطرة كدليل وتقطيع العجين. اثقب كل إسفين عدة مرات باستخدام عود الأسنان.

c) اخبزي حتى يصبح خبز الغريبة بنياً ، ويصبح متماسكًا عند الأطراف وليناً قليلاً في المنتصف ، لمدة ساعة تقريبًا. قم بتبريد كعكة الغريبة تمامًا في المقلاة على الرف. قم بإزالة جوانب المقلاة.

3. كوكيز شورتبريد بندق المكاديميا المغطى بالشوكولاتة

المحصول: حصص 36

مكونات

- 1 كوب زبدة
- نصف كوب سكر بودرة
- 1 ملعقة صغيرة فانيليا
- 2 كوب دقيق منخول
- ربع كوب مكسرات مكاديميا مقطعة
- 1 كوب رقائق شوكولاتة الحليب أو -
- 1 كوب رقائق شوكولاتة نصف حلوة
- $1\frac{1}{2}$ ملعقة صغيرة سمن نباتي

الاتجاهات

a) في وعاء خلط كبير، اخفقي الزبدة والسكر والفانيليا حتى تصبح خفيفة ورقيقة. يضاف الدقيق تدريجياً حتى يمتزج جيداً. يقلب في مكسرات المكاديميا.

b) ضع العجينة على ورق شمع وشكلها على شكل لفة بقطر 2 بوصة.

c) لفها في ورق ورق القصدير واتركها تبرد لمدة ساعتين على الأقل أو طوال الليل.

d) سخني الفرن على 300 درجة. نقطع اللفافة إلى شرائح تقريبًا. $\frac{1}{4}$ إلى بوصة سميكة. تُخبز على ورقة خبز غير مدهونة لمدة 20 دقيقة أو حتى تبدأ البسكويت في التحول إلى اللون البني. أخرجه من الفرن بارد على رف الأسلاك.

e) في هذه الأثناء ، في وعاء صغير تذوب رقائق الشوكولاتة (الميكروويف يعمل بشكل جيد) ويقلب في السمن. اخلط جيدا. اغمس أحد طرفي كل ملف تعريف ارتباط في خليط الشوكولاتة وضعه على ورق شمع.

f) ضعي البسكويت في الثلاجة حتى تتماسك الشوكولاتة. يحفظ في مكان بارد. يجعل 2-3 دزينة من ملفات تعريف الارتباط.

4. ملفات تعريف الارتباط بالفاكهة الغريبة

المحصول: حصص 36

مكونات

- 2½ كوب طحين
- 1 ملعقة صغيرة كريمة التارتار
- 1½ كوب سكر حلويات
- 1 9 أوقية. مربع غير مثل لحم مفروم
- 1 ملعقة صغيرة فانيليا
- 1 ملعقة صغيرة من صودا الخبز
- 1 كوب زبدة طرية
- 1 بيضة

الاتجاهات

a) سخني الفرن إلى 375 درجة فهرنهايت. 2. يُمزج الدقيق والصودا وكريم التارتار.

b) في وعاء كبير ، اخفقي الزبدة والسكر حتى يصبح المزيج رقيقًا. أضف البيض.

c) أضيفي الفانيليا واللحم المفروم المفتت.

d) أضف المكونات الجافة. يخلط الخليط جيدًا ويكون قاسيًا.

e) ضعيها على شكل كرات مقاس 1¼ إنش ، ثم ضعيها على ورقة بسكويت غير مدهونة ، وافرديها قليلاً.

f) اخبزي لمدة 10-12 دقيقة أو حتى يصبح لونها بني فاتح. غطيها بزجاج السكر والحليب والفانيليا بينما لا تزال دافئة.

5. ملفات تعريف الارتباط اللافندر

المحصول: دفعة واحدة

مكونات

- ربع كوب زبدة غير مملحة في درجة حرارة الغرفة
- نصف كوب سكر حلويات غير منقول
- 2 ملاعق صغيرة من أزهار الخزامى المجففة
- 1 ملعقة صغيرة أوراق نعناع مجففة ومهروسة
- نصف ملعقة صغيرة قرفة
- 1 كوب دقيق غير منخول

الاتجاهات

a) سخن الفرن إلى 325 درجة فهرنهايت ، قم بإعداد صينية خبز مربعة مقاس 8 بوصات عن طريق تبطينها بورق الألمنيوم وطلاء الرقاقة برفق برذاذ الزيت النباتي.

b) اخفقي الزبدة حتى تصبح خفيفة ورقيقة. أضيفي السكر والخزامى والنعناع والقرفة. اعمل في الدقيق واخلط حتى يتفتت الخليط. اكشطه في المقلاة المجهزة وافرده حتى يستوي ، واضغط برفق لضغطه بالتساوي.

c) اخبزيها لمدة 25 إلى 30 دقيقة ، أو حتى تصبح ذهبية اللون قليلاً حول الحواف.

d) ارفع كلاً من الرقائق وكعكة البسكويت برفق من المقلاة على سطح القطع. قطع القضبان بسكين مسنن.

e) نقل إلى رف معدني لتبرد تماما. تخزينها في علبة مغلقة بإحكام.

6. ملفات تعريف الارتباط موكا الغريبة

المحصول: 18 حصة

مكونات

- 1 ملعقة صغيرة قهوة نسكافيه كلاسيك سريعة التحضير
- 1 ملعقة صغيرة ماء مغلي
- 1 عبوة (12 أونصة) رقائق شوكولاتة نصف حلوة من نستله تول هاوس ؛ منقسم
- نصف كوب زبدة خففت
- $1\frac{1}{4}$ كوب سكر حلويات منخول
- 1 كوب دقيق لجميع الأغراض
- نصف ملعقة صغيرة ملح

الاتجاهات

a) سخني الفرن على حرارة 250 درجة. في الكوب ، قم بإذابة قهوة نسكافيه كلاسيك سريعة التحضير في الماء المغلي. اجلس جانبا. تذوب فوق الماء الساخن (وليس المغلي) ، كوب واحد من فتات الشوكولاتة شبه الحلوة من نستله تول هاوس ؛ حرك حتى يصبح ناعما.

b) ازالة من الحرارة؛ اجلس جانبا. في وعاء كبير ، يُمزج الزبدة والسكر والقهوة ؛ فوز حتى تصبح ناعمة. أضيفي الدقيق والملح تدريجياً.

c) يقلب في فتات مذابة. لف العجين بين قطعتين من الورق المشمع بسماكة 16/3 بوصة. إزالة الورقة العلوية ؛ قطع ملفات تعريف الارتباط باستخدام قاطع ملفات تعريف الارتباط 2 بوصة. أخرجه من الورق المشمع وضعه على أوراق البسكويت غير المدهونة. اخبزيها على حرارة 250 درجة لمدة 25 دقيقة. تبرد تماما على رفوف السلك.

d) تذوب فوق الماء الساخن (وليس المغلي) ، ويتبقى كوب واحد من فتات الشوكولاتة شبه الحلوة من نستله تول هاوس ؛ حرك حتى يصبح ناعما. انثر ملعقة صغيرة مدورة قليلاً

من الشوكولاتة المذابة على الجانب المسطح من البسكويت ؛ أعلى مع ملف تعريف الارتباط الثاني. كرر مع ملفات تعريف الارتباط المتبقية.

e) يبرد حتى يضبط. اتركيه في درجة حرارة الغرفة قبل 15 دقيقة من التقديم. يصنع حوالي 1 دزينة من ملفات تعريف الارتباط بحجم 2 بوصة.

7. ملفات تعريف الارتباط بالفول السوداني

المحصول: 30 حصة

مكونات

- 250 مل زبدة غير مملح ، طري
- 60 مل من زبدة الفول السوداني الكريمية
- 1 بيضة بيضاء كبيرة منفصل
- 5 مل من خلاصة الفانيليا
- 325 مليلتر طحين متعدد الاستخدامات
- 250 مل شوفان ملفوف قديم الطراز
- 60 مل من جنين القمح
- 250 ملليلتر فول سوداني محمص جاف مملح ؛ مفرومة فرما ناعما
- 250 ملليلتر سكر بني فاتح ؛ معبأة بحزم

الاتجاهات

a) في وعاء للخلط مع الخلاط الكهربائي ، ضعي الكريمة مع الزبدة وزبدة الفول السوداني والسكر ، ثم اخفقي في صفار البيض وخلاصة الفانيليا.

b) يُضاف الدقيق والشوفان وجنين القمح ويُخفق المزيج حتى يتجانس تمامًا. انشر الخليط بالتساوي في مقلاة جيلي رول مدهونة بالزبدة ، 15 × 10 × 1 بوصة (40 × 27 × 2 سم) ، قم بتنعيم الجزء العلوي ، ونشر بياض البيض ، وضربه برفق ، فوق الخليط ، ثم رش الفول السوداني بالتساوي عليه .

c) يُخبز المزيج في منتصف فرن مُسخَّن مسبقًا 300 درجة فهرنهايت (150 درجة مئوية) لمدة 25 إلى 30 دقيقة ، أو حتى يصبح سطحه بنياً ذهبياً.

d) انقل المقلاة إلى رف سلكي حتى تبرد. بينما لا يزال المزيج ساخنًا ، قطعيه إلى مربعات صغيرة حتى تبرد تمامًا في المقلاة.

8. ملفات تعريف الارتباط الغريبة المتبل

المحصول: 30 حصة

مكونات

- 1 كوب مارجرين طري
- نصف كوب سكر ناعم منخول
- نصف ملعقة صغيرة جوزة الطيب المطحون
- نصف ملعقة صغيرة قرفة مطحونة
- نصف ملعقة صغيرة من الزنجبيل المطحون
- 2 كوب طحين لجميع الأغراض

الاتجاهات

a) زبدة الكريمة يضاف السكر تدريجيًا مع الخفق بسرعة متوسطة في الخلاط الكهربائي حتى يصبح خفيفًا ورقيقًا. نضيف البهارات ونخفق جيدا.

b) يقلب في الدقيق. سيكون العجين قاسيا. شكلي العجين على شكل كرات بحجم 1 دولار ، وضعيها على بعد بوصتين على ورق كعك مدهون بقليل من الزيت. اضغط برفق على ملفات تعريف الارتباط مع ختم أو شوكة بسكويت مطحون لتسطيح حتى سمك $\frac{1}{4}$ بوصة. اخبزيها في 325 لمدة 15 إلى 18 دقيقة أو حتى تنضج. دعها تبرد على رفوف الأسلاك.

9. بسكويت الكعك بالجوز

المحصول: 2 دزينة

مكونات

- $\frac{3}{4}$ جنيه زبدة
- 1 كوب سكر الحلويات
- 3 أكواب طحين منخول
- نصف ملعقة صغيرة ملح
- نصف ملعقة صغيرة فانيليا
- نصف كوب سكر
- ربع كوب جوز أمريكي مفروم ناعماً

الاتجاهات

a) تُخفق الزبدة مع سكر الحلويات معًا حتى تضيء.

b) ينخل الدقيق والملح معًا ويضاف إلى خليط الكريمة. أضف الفانيليا واخلط جيدا. أضف جوز البقان.

c) اجمع العجينة على شكل كرة ولفها بورق شمع واتركها تبرد حتى تتماسك.

d) افردي العجينة المبردة حتى تصل إلى "سمك. باستخدام قطاعة البسكويت ، قطعي البسكويت. رشي القمم بسكر حبيبي. ضعي قطع البسكويت على ورقة بسكويت غير مدهونة وضعيها في الثلاجة لمدة 45 دقيقة قبل الخبز.

e) يسخن الفرن إلى 325 فهرنهايت. اخبزيها لمدة 20 دقيقة أو حتى تبدأ في التلوين بشكل خفيف ؛ يجب ألا تحمر ملفات تعريف الارتباط على الإطلاق. تبرد على الرف.

10. بسكويت أوريغون بالبندق

المحصول: 36 كوكيز

مكونات
- 1 كوب بندق أوريغون محمص
- نصف كوب زبدة مبرد
- نصف كوب سكر
- 1½ كوب دقيق غير مبيض

الاتجاهات

a) قم بطحن البندق المحمص في محضر الطعام للحصول على طحن خشن. يُضاف الزبدة والسكر ويُعالج جيدًا. ضعي المكسرات والزبدة ومزيج السكر في وعاء الخلط ، وأضيفي الدقيق (نصف كوب في المرة الواحدة) مع مزج كل إضافة تمامًا. يُمزج الخليط في كرة.

b) اصنع كرات بحجم 1 بوصة وضعها على ورقة بسكويت غير لاصقة ، على بعد حوالي بوصة.

c) اخبز في 350 لمدة 10-12 دقيقة. ضعي باقي العجين في الثلاجة حتى يصبح جاهزًا للخبز.

بسكويت الشوكولاتة

11. بسكويت البريتزل والكراميل

يجعل حوالي 2 دزينة

مكونات

- 1 علبة خليط كيك شوكولاتة (الحجم العادي)
- 2/1 كوب زبدة مذابة
- 2 بيضه كبيره بدرجة حرارة الغرفة
- 1 كوب بسكويت صغير مكسور مقسم
- 1 كوب رقائق شوكولاتة نصف حلوة
- 2 ملاعق طعام من الكراميل المملح

الاتجاهات

a) يسخن الفرن إلى 350 درجة. يُمزج خليط الكيك المذاب بالزبدة والبيض ؛ يخفق حتى يمتزج. أضيفي نصف كوب من البسكويت المملح ورقائق الشوكولاتة وغطاء الكراميل.

b) تُسقط بمقدار ملاعق كبيرة مدورة 2 بوصة متباعدة على صواني خبز مدهونة بالزبدة. تتسطح قليلاً مع قاع الزجاج ؛ اضغطي المعجنات المتبقية على قمة كل منها. اخبزيها لمدة 8-10 دقائق أو حتى تنضج.

c) تبرد على المقالي لمدة دقيقتين. يجب عليك ان تزيل السلم لكي يبرد تماما.

12. القنب باكاي كوكي

يصنع 12 حصة

مكونات

- 1 علبة خليط كيك شوكولاتة (الحجم العادي)
- 2 بيضه كبيره بدرجة حرارة الغرفة
- 2/1 كوب زيت زيتون
- 1 كوب رقائق شوكولاتة نصف حلوة
- 1 كوب زبدة فول سوداني كريمية
- 2/1 كوب سكر حلويات

الاتجاهات

- يسخن الفرن إلى 350 درجة.
- في وعاء كبير ، اخلطي خليط الكيك والبيض والزيت حتى تمتزج. قلّب رقائق الشوكولاتة. اضغط نصف العجينة في 10 إنش. من الحديد الزهر أو مقلاة فرن أخرى.
- الجمع بين زبدة الفول السوداني وسكر الحلويات ؛ وزعي العجينة في مقلاة.
- اضغط على العجين المتبقي بين أوراق الرق في 10 بوصات. دائرة؛ مكان يملأ.
- اخبزيها حتى يتم إدخال عود أسنان في الوسط ويخرج مع فتات رطبة ، 20-25 دقيقة.

13. كيك ميكس كوكيز

يصنع: 54 حصة

مكونات

- 1 عبوة من خليط كعكة الشوكولاتة الألمانية ؛ وشملت الحلوى
- 1 كوب رقائق شوكولاتة نصف حلوة
- كوب شوفان
- نصف كوب زبيب
- نصف كوب زيت زيتون
- 2 بيض مهترئ قليلا

الاتجاهات

a) سخني الفرن إلى 350 درجة.

b) في وعاء كبير ، اخلطي جميع المكونات. تخلط جيدا. قم بإسقاط العجين بملعقة صغيرة مدورة بمقدار بوصتين متباعدتين على أوراق البسكويت غير المدهونة.

c) اخبزيها على حرارة 350 درجة لمدة 8-10 دقائق أو حتى تنضج. بارد 1 دقيقة إزالتها من أوراق ملفات تعريف الارتباط.

14. بسكويت ديفيل كرانش

يصنع: 60 كوكيز

مكونات

- 1 خليط كيك شوكولاتة 18.25 أونصة
- نصف كوب زيت زيتون
- 2 بيضة مخفوقة قليلاً
- نصف كوب جوز أمريكي مفروم
- 5 ألواح شوكولاتة بالحليب العادية ، مقسمة إلى مربعات
- نصف كوب جوز هند محلى مبشور

الاتجاهات

a) يسخن الفرن إلى 350 درجة فهرنهايت.

b) يُمزج مزيج الكيك والزيت والبيض في وعاء ويخلط جيدًا. أضعاف بلطف جوز البقان في الخليط.

c) أسقط الخليط بالملعقة على رقائق البسكويت غير المدهونة. اخبزيها لمدة 10 دقائق. قم بإزالة ملفات تعريف الارتباط عندما يتم ضبطها ولكنها لا تزال طرية قليلاً في المنتصف.

d) ضع مربعًا واحدًا من شوكولاتة الحليب على كل ملف تعريف ارتباط. عندما يذوب ، انشر لتكوين طبقة شوكولاتة على سطح البسكويت.

e) انقل ملفات تعريف الارتباط على الفور إلى رف سلكي واتركها لتبرد تمامًا.

15. ملفات تعريف الارتباط البقان

يصنع: 24 كوكيز

مكونات

- 1 كوب خليط كيك زبدة البقان
- 1 كوب خليط كيك شوكولاتة
- 2 بيضة مخفوقة قليلاً
- نصف كوب زيت زيتون
- 2 ملاعق كبيرة ماء

الاتجاهات

a) يسخن الفرن إلى 350 درجة فهرنهايت.
b) تُمزج المكونات وتُمزج لتشكيل عجينة متساوية.
c) أسقطه بالملعقة على ورقة بسكويت غير مدهونة. اخبزيها لمدة 15 دقيقة أو حتى تصبح ذهبية اللون وتتماسك.
d) اتركيه يبرد على ورقة البسكويت لمدة 5 دقائق. قم بإزالته إلى رف سلكي ليبرد تمامًا.

16. براونيز الكريمة المخفوقة

يصنع؛ 48 ملفات تعريف الارتباط

مكونات

- 1 علبة 18 أونصة من خليط كيك الشوكولاتة
- 1 ملعقة كبيرة مسحوق كاكاو
- 1 بيضة
- 1 كوب جوز أمريكي مفروم
- نصف كوب سكر
- 4 أونصات مخفوقة

الاتجاهات

a) يسخن الفرن إلى 350 درجة فهرنهايت.
b) يُمزج مزيج الكيك مع مسحوق الكاكاو والبيض ويُمزج جيدًا. قم بطي جوز البقان برفق إلى عجينة.
c) غلفي يديك بالسكر ، ثم شكلي العجينة على شكل كرات صغيرة. تُغطى كرات البسكويت بالسكر.
d) توضع على ورقة البسكويت ، وتترك 2 إنش بين البسكويت.
e) اخبزيها لمدة 12 دقيقة أو حتى تنضج. أخرجه من الفرن وانقله إلى رف سلكي ليبرد. أعلى مع الجلد.

17. خليط كيك ساندويتش كوكيز

يجعل: 10

مكونات

- 1 18.25 أونصة خليط كعكة الشوكولاتة
- 1 بيضة ، درجة حرارة الغرفة
- نصف كوب زبدة
- 1 صقيع بالفانيليا سعة 12 أونصة

الاتجاهات

a) يسخن الفرن إلى 350 درجة فهرنهايت.
b) غطي ورقة البسكويت بطبقة من ورق الزبدة. اجلس جانبا.
c) في وعاء كبير ، اخلطي خليط الكيك والبيض والزبدة. استخدم خلاطًا كهربائيًا لعمل عجينة ناعمة وموحدة.
d) افردي عجينة البسكويت على شكل كرات بقياس 1 إنش وضعيها على ورقة بسكويت ، اضغطي على كل كرة بملعقة لتسطيحها ، اخبزيها لمدة 10 دقائق.
e) اتركي ملفات تعريف الارتباط لتبرد تمامًا قبل وضع طبقة من الزينة بين اثنين من ملفات تعريف الارتباط.

18. جرانولا وبسكويت الشوكولاتة

يصنع: 36 كوكيز

مكونات

- 1 خليط كيك شوكولاتة 18.25 أونصة
- نصف كوب زبدة طرية
- كوب سكر بني معبأ
- 2 بيض
- 1 كوب جرانولا
- 1 كوب رقائق شوكولاتة بيضاء
- 1 كوب كرز مجفف

الاتجاهات

a) سخني الفرن إلى 375 درجة فهرنهايت.
b) في وعاء كبير ، اخلطي خليط الكيك ، الزبدة ، السكر البني ، والبيض واخفقي حتى يتشكل الخليط.
c) أضيفي الجرانولا ورقائق الشوكولاتة البيضاء. قم بإسقاطها بمقدار ملاعق صغيرة بمسافة حوالي 2 بوصة على أوراق البسكويت غير المدهونة.
d) اخبزيها لمدة 10-12 دقيقة أو حتى يصبح لونها بنياً ذهبياً خفيفاً حول الحواف.
e) تبرد على أوراق البسكويت لمدة 3 دقائق ، ثم تُرفع إلى رف سلكي.

20. ملفات تعريف الارتباط الألمانية

يجعل: 4 دزينة من ملفات تعريف الارتباط

مكونات

- 1 علبة 18.25 أونصة خليط كعكة الشوكولاتة الألمانية
- 1 كوب رقائق شوكولاتة نصف حلوة
- 1 كوب دقيق الشوفان
- نصف كوب زيت زيتون
- 2 بيضة مخفوقة قليلاً
- نصف كوب زبيب
- 1 ملعقة صغيرة فانيليا

الاتجاهات

a) يسخن الفرن إلى 350 درجة فهرنهايت.
b) اخلط جميع المكونات. تخلط جيدا باستخدام خلاط كهربائي على سرعة منخفضة. إذا نمت فتات الدقيق ، أضف قطرة من الماء.
c) تُسقط العجينة بالملعقة على ورقة بسكويت غير مدهونة.
d) اخبزيها لمدة 10 دقائق.
e) تبرد تمامًا قبل رفع ملفات تعريف الارتباط عن الورقة إلى طبق التقديم.

21. أنيسيت كوكيز

الحصص: 36

مكونات:

- 1 كوب سكر
- 1 كوب زبدة
- 3 أكواب طحين
- نصف كوب حليب
- 2 بيض مخفوق
- 1 ملعقة كبيرة بيكنج بودر
- 1 ملعقة كبيرة مستخلص لوز
- 2 ملاعق صغيرة ليكيور اليانسون
- 1 كوب سكر الحلويات

الاتجاهات:

a) سخن الفرن على 375 درجة فهرنهايت.

b) اخفقي السكر والزبدة معًا حتى يصبح المزيج خفيفًا ورقيقًا.

c) اخلطي الدقيق والحليب والبيض والبيكنج بودر ومستخلص اللوز تدريجيًا.

d) اعجن العجينة حتى تصبح لزجة.

e) اصنع كرات صغيرة من قطع العجين بطول 1 بوصة.

f) يُسخن الفرن إلى 350 درجة فهرنهايت ويُدهن صينية الخبز. ضع الكرات على صينية الخبز.

g) سخني الفرن إلى 350 درجة فهرنهايت واخبزي ملفات تعريف الارتباط لمدة 8 دقائق.

h) يُمزج مسكرات اليانسيت مع سكر الحلويات و 2 ملاعق كبيرة من الماء الساخن في وعاء الخلط.

i) أخيرًا ، اغمس البسكويت في الصقيل وهي لا تزال دافئة.

22. ملفات تعريف الارتباط الخضراء الحلوة

مكونات:

- 165 جرام بازلاء خضراء.
- 80 جرام تمر مدجول مقطع.
- 60 جرام من التوفو المهروس.
- 100 جرام طحين لوز.
- 1 ملعقة صغيرة بيكنج بودر.
- 12 حبة لوز.

الاتجاهات:

a) يسخن الفرن إلى 180 درجة مئوية / 350 درجة فهرنهايت.

b) يُمزج البازلاء والتمر في محضر الطعام.

c) ضعيها حتى تتكون عجينة سميكة.

d) انقلي خليط البازلاء في وعاء. يُضاف التوفو ودقيق اللوز ومسحوق الخبز. شكلي الخليط على شكل 12 كرة.

e) رتبي الكرات على صينية الخبز، مبطنة بورق الزبدة. تسطيح كل كرة بالنخيل الزيتى.

f) أدخل اللوز في كل ملف تعريف ارتباط. تُخبز ملفات تعريف الارتباط لمدة 25-30 دقيقة أو حتى تصبح ذهبية اللون.

g) تبرد على رف سلكي قبل التقديم.

23. بسكويت الشوكولاتة المقطعة

مكونات:

- 2 كوب دقيق خالي من الغلوتين لجميع الأغراض.
- 1 ملعقة صغيرة من صودا الخبز.
- 1 ملعقة صغيرة ملح البحر.
- 4/1 كوب زبادي نباتي.
- 7 ملاعق كبيرة زبدة نباتية.
- 3 ملاعق كبيرة زبدة كاجو
- 1 4/1 كوب سكر جوز الهند.
- 2 بيض شيا.
- لوح شوكولاتة داكنة ، أجزاء سطو.

الاتجاهات:

a) سخني الفرن إلى 375 درجة فهرنهايت

b) في وعاء متوسط الحجم ، اخلطي الدقيق الخالي من الغلوتين والملح وصودا الخبز. توضع جانبا بينما تذوب الزبدة.

c) ضعي الزبدة واللبن وزبدة الكاجو وسكر جوز الهند في وعاء وباستخدام حامل الخلط أو الخلاط اليدوي ، امزجيها لبضع دقائق حتى تمتزج.

d) أضف بيض الشيا واخلطه جيدًا.

e) أضف الدقيق إلى مزيج بيض الشيا واخلطه على نار منخفضة حتى يتكامل.

f) أضيفي قطع الشوكولاتة.

g) ضع العجينة في الثلاجة لمدة 30 دقيقة.

h) أزل العجينة من الثلاجة واتركها تنخفض إلى درجة حرارة الغرفة ، لمدة 10 دقائق تقريبًا ، وبطن ورقة البسكويت بورق الزبدة.

i) باستخدام يديك ، ضع 1 12 ملعقة كبيرة من عجينة البسكويت على ورق الزبدة. اترك مساحة صغيرة بين كل ملف تعريف ارتباط.

j) اخبز ملفات تعريف الارتباط لمدة 9-11 دقيقة. فرحة في!

بسكوتي

24. براوني بيسكوتي

مكونات

- 3/1 كوب زبدة طرية
- 3/2 كوب سكر أبيض
- 2 بيض
- 1 ملعقة صغيرة فانيليا
- 4/13 كوب دقيق لجميع الأغراض
- 3/1 كوب من مسحوق الكاكاو غير المحلى
- 2 ملعقة شاي مسحوق الخبز
- 2/1 كوب رقائق شوكولاتة صغيرة نصف حلوة
- 4/1 كوب جوز مفروم
- 1 صفار بيضة مخفوقة
- 1 ملعقة كبيرة ماء

الاتجاهات

a) سخني الفرن إلى 375 درجة فهرنهايت (190 درجة مئوية). ادهني أوراق الخبز أو ضعيها بورق زبدة.

b) في وعاء كبير ، اخفقي الزبدة والسكر معًا حتى يصبح المزيج ناعمًا. اخفقي البيض واحدًا تلو الآخر ، ثم أضيفي الفانيليا. يُمزج الدقيق والكاكاو ومسحوق الخبز ؛ يُقلب المزيج مع الكريمة حتى يمتزج جيدًا. سيكون العجين صلبًا ، لذا اخلطه في القطعة الأخيرة يدويًا. اخلطي رقائق الشوكولاتة والجوز.

c) قسّم العجين إلى قسمين متساويين. شكل في رغيف 9x2x1 بوصة. توضع على ورقة الخبز 4 بوصات على حدة. يُدهن بمزيج من الماء وصفار البيض.

d) تُخبز لمدة 20 إلى 25 دقيقة في فرن مُسخن مسبقًا أو حتى تصبح متماسكة. تبرد على ورقة الخبز لمدة 30 دقيقة.

e) باستخدام سكين مسنن ، قطعي الأرغفة قطريًا إلى شرائح بحجم بوصة واحدة. أعد الشرائح إلى صينية الخبز ، وضعها على جوانبها. اخبزيها لمدة 10 إلى 15 دقيقة على كل جانب أو حتى تجف. تبرد تماما وتخزينها في وعاء محكم.

25. بسكوتي باللوز

المحصول: 42 حصة

مكونات

- نصف كوب زبدة أو مارجرين طرية
- $1\frac{1}{4}$ كوب سكر
- 3 بيضات
- 1 ملعقة صغيرة فانيليا أو يانسون منكه
- 2 كوب طحين لجميع الأغراض
- 2 ملعقة شاي مسحوق الخبز
- 1 اندفاعة ملح
- كوب لوز مفروم
- 2 ملاعق صغيرة حليب

الاتجاهات

a) في وعاء الخلط ، كريمة الزبدة و 1 كوب سكر. يُضاف البيض ، على حدة ، بالضرب جيدًا بعد كل إضافة. يُضاف اليانسون أو الفانيليا.

b) الجمع بين المكونات الجافة. أضف إلى خليط الكريما. يقلب في اللوز.

c) غلف صينية الخبز بورق القصدير وورق الشحوم. تقسم العجينة إلى نصفين. تنتشر في مستطلين 12x3 على ورق القصدير. ادهنيها بالحليب ورشي السكر المتبقي. اخبز في 375 درجة. لمدة 15 إلى 20 دقيقة. أو حتى يصبح لونها بنياً ذهبياً وثابتاً عند اللمس. نخرجه من الفرن ونخفض الحرارة إلى 300 درجة. ارفع المستطيلات بورق احباط على رف سلكي ؛ يبرد لمدة 15 دقيقة. ضع على لوح التقطيع. شريحة قطريا $\frac{1}{2}$ في. سميكة. ضع شريحة مع قطع الجانب إلى أسفل أو صفائح الخبز غير مدهون. اخبزيها لمدة 10 دقائق.

d) اقلب ملفات تعريف الارتباط ؛ اخبز لمدة 10 دقائق. أكثر. أغلق الفرن واترك البسكويت في الفرن ؛ مع الباب مواربا ليبرد. تخزينها في حاوية محكمة الإغلاق.

26. اليانسون بيسكوتي

المحصول: حصة واحدة

مكونات

- 2 كوب + 2 ملاعق كبيرة طحين
- نصف كوب سكر
- 1 ملعقة طعام يانسون مطحون
- 1 ملعقة صغيرة بيكنج بودر
- نصف ملعقة صغيرة من صودا الخبز
- نصف ملعقة صغيرة ملح
- 3 مكافئات البيض
- 2 ملاعق كبيرة من قشر الليمون الطازج المبشور (أو
- 1 ملعقة كبيرة جافة)
- 1 ملعقة كبيرة عصير ليمون طازج

الاتجاهات

a) يُسخن الفرن إلى 325 درجة فهرنهايت. تُغطى صينية الخبز برذاذ غير لاصق أو ورق برشمان. في وعاء متوسط ، يُمزج الدقيق والسكر وبذور اليانسون والبيكنج بودر وصودا الخبز والملح. اخفقي معادل البيض وقشر الليمون وعصير الليمون وأضيفيهم إلى المكونات الجافة. اخلط جيدا.

b) العمل على سطح مرشوش بالدقيق ، وشكل العجين في قطعتين ، طول كل منهما حوالي 14 بوصة وسمك 1 بوصة. ضع السجلات على ورقة خبز مُجهزة ، على بعد 4 بوصات على الأقل (ستنتشر العجين أثناء الخبز). اخبزيها لمدة 20 إلى 25 دقيقة ، حتى تصبح صلبة الملمس.

c) انقل السجلات إلى الرف حتى تبرد. خففي درجة حرارة الفرن إلى 300 درجة فهرنهايت. اقطعي جذوع الأشجار قطريًا إلى شرائح بسمك بوصة ، باستخدام سكين مسنن وحركة نشر لطيفة. ضعي الشرائح على جوانبها على صينية الخبز وأعيديها إلى الفرن.

d) اخبزيها لمدة 40 دقيقة. أخرجه من الفرن واتركه ليبرد تماما قبل تخزينه. سوف ينضج Biscotti عندما يبرد. يخزن في وعاء محكم الغلق لمدة تصل إلى شهر.

e) يصنع حوالي 4 دزينة من البسكويت.

27. اليانسون والليمون بيسكوتي

المحصول: حصة واحدة

مكونات

- 2 كوب دقيق أبيض غير مبيض
- 1 ملعقة صغيرة بيكنج بودر
- نصف ملعقة صغيرة ملح
- 1 كوب سكر
- 2 بيضة كاملة
- 1 بياض بيضة
- 2 ملاعق كبيرة قشر ليمون مبشور
- 1 ملعقة كبيرة يانسون مطحون

الاتجاهات

a) سخني الفرن على 350 درجة. جهز صينية الخبز برذاذ الطبخ أو طبقة خفيفة جدًا من الزيت. في وعاء خلط كبير ، نخل الطحين ودقيق الذرة والبيكنج بودر والملح. اخفقي البيض برفق وأضيفيه إلى خليط الدقيق.

b) أضيفي شراب القيقب والفانيليا والجوز واخلطيهم حتى تصبح العجينة ناعمة. باستخدام ملعقة مطاطية ويدين مطحون ، أخرجي نصف العجينة من الوعاء على جانب واحد من صينية الخبز. شكلي العجينة على شكل جذع طوله 15 بوصة.

c) قم بعمل سجل ثان على الجانب الآخر من صينية الخبز مع العجين المتبقي. باعد بين قطع الخشب بمقدار 6 بوصات على الأقل ، واخبز لمدة 25-30 دقيقة ، حتى يصبح الجزء العلوي من كل قطعة من قطع البسكوتي ثابتًا.

d) قم بإزالتها بملعقة طويلة إلى رف سلكي واتركها تبرد لمدة 10-15 دقيقة. نقطع كل قطعة على شكل قطري حاد إلى شرائح بسماكة حوالي 20 سم وضعها على صينية الخبز ، مقطعة جانبًا إلى أسفل ، قلل درجة حرارة الفرن إلى 350 درجة واخبزها لمدة 15 دقيقة.

e) قد يكون البسكوتي ساخنًا من الفرن ، وقد يكون طريًا بعض الشيء في المنتصف ، لكنه سيتصلب عندما يبرد.

f) دعهم يبردوا تمامًا. يتم تخزينها في علبة أو أي حاوية أخرى مغلقة بإحكام ، وستحتفظ بها لمدة أسبوعين على الأقل.

28. الكرز بيسكوتي

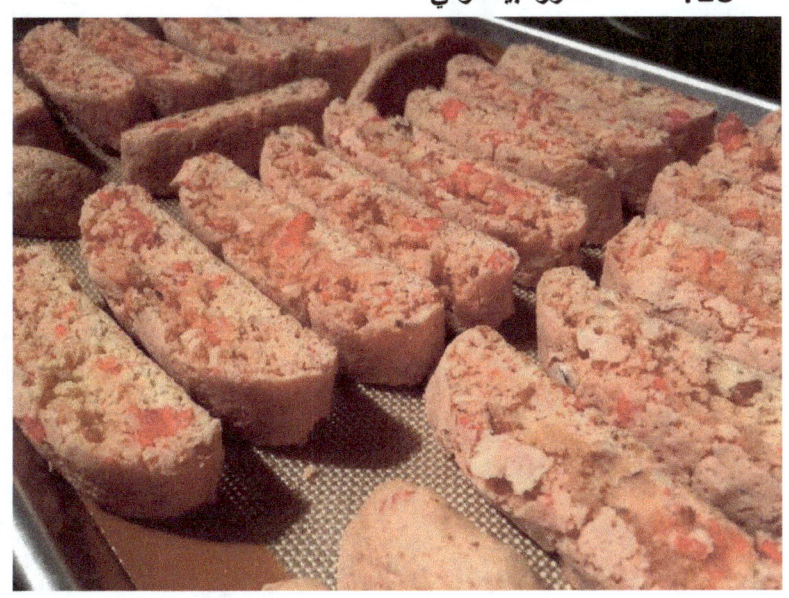

المحصول: 24 قطعة خبز

مكونات

- 2 كوب طحين لجميع الأغراض
- 1 كوب سكر
- نصف ملعقة صغيرة بيكنج بودر
- نصف ملعقة صغيرة ملح
- نصف كوب زبدة مقطعة إلى قطع صغيرة
- 1 كوب لوز كامل تقطيع خشن
- 1 كوب كرز كامل
- 2 بيض كبير مهترئ قليلا
- نصف ملعقة صغيرة فانيليا
- 1 ملعقة كبيرة حليب (اختياري)

الاتجاهات

a) سخن الفرن إلى 350 درجة. دهن صينية خبز كبيرة.

b) يُمزج الدقيق والسكر ومسحوق الخبز والملح في وعاء. قطعي الزبدة بخلاط المعجنات حتى تتكون الفتات الخشنة. يقلب في اللوز والكرز. يقلب البيض والفانيليا حتى يمتزجا جيدًا. إذا كان الخليط جافًا بشكل متفتت، أضف الحليب.

c) يقسم الخليط إلى نصفين.

d) على سطح مرشوش قليلًا بالدقيق، وباستخدام اليدين المطحون، اضغطي العجين معًا وشكله في قطعتين بحجم 10 بوصات. تتسطح إلى عرض 2 $\frac{1}{2}$-inch. ضع جذوع الأشجار على ورقة خبز مُعدة.

e) تخبز في فرن بدرجة 350 درجة لمدة 30 إلى 35 دقيقة. باستخدام ملعقتين ، انقل جذوع الأشجار إلى الرف لتبرد لمدة 20 دقيقة.

f) باستخدام سكين مسنن ، قم بتقطيع كل قطعة قطرية قطريًا إلى شرائح بسمك بوصة.

g) العودة إلى ورقة الخبز. اخبزيها لمدة 15 دقيقة أو حتى تصبح البسكويت هشة وصلبة الملمس. نقل إلى رف سلك لتبرد. يخزن في حاوية محكمة الإغلاق لمدة تصل إلى أسبوعين.

29. بسكوتي بالبندق والمشمش

المحصول: حصة واحدة

مكونات

- 4 أكواب طحين
- 2½ كوب سكر
- 1 ملعقة صغيرة بيكنج بودر
- نصف ملعقة صغيرة ملح
- 6 بيضات
- 2 صفار بيض
- 1 ملعقة كبيرة فانيليا
- 1 كوب بندق محمص مقشر
- مقطع
- 1½ كوب مشمش مجفف ، مقطع ناعم
- 2 ملاعق كبيرة ماء

الاتجاهات

a) يسخن الفرن إلى 350 درجة فهرنهايت.

b) في هذه الأثناء ، في وعاء كبير ، نخلط الطحين والسكر والبيكنج بودر والملح. في وعاء آخر ، اخفقي 5 بيضات مع 2 صفار بيض وفانيليا. نخلط البيض المخفوق مع خليط الدقيق ونضيف البندق والمشمش.

c) على لوح مرشوش بالدقيق ، اعجن العجينة لمدة 5-7 دقائق ، أو حتى تمتزج بشكل متساو. إذا كان العجين متفتتًا جدًا بحيث لا يتماسك معًا ، أضف القليل من الماء. قسّم العجينة إلى 4 أجزاء ولف كل منها في أسطوانة قطرها 2 بوصة.

d) ضع اسطوانتين على بعد 3 بوصات على كل من 2 صفيحة خبز مدهونة جيداً وافردها قليلاً. يخفق البيض المتبقي مع الماء ويدهن كل اسطوانة بالخليط. اخبزيها في الفرن المسخن لمدة 35 دقيقة أو حتى تنضج.

e) نخرجه من الفرن ونخفض الحرارة إلى 325 فهرنهايت. قطريًا قطع البسكوتي بسمك بوصة. انشر الشرائح على ورق الخبز وأعدها إلى الفرن لمدة 10 دقائق ، أو حتى تبدأ في التلوين. دعها تبرد وتخزن في وعاء محكم الغلق.

30. بسكوتي بالليمون والروزماري

المحصول: 30 حصة

مكونات

- كوب لوز. كامل محمص
- نصف كوب زبدة حلو
- نصف كوب سكر محبب
- 2 بيض كبير
- 1 ملعقة صغيرة فانيليا
- 3 ملاعق صغيرة من قشر الليمون
- $2\frac{1}{4}$ كوب دقيق لجميع الأغراض
- $1\frac{1}{2}$ ملعقة صغيرة إكليل الجبل الطازج. مفرومة فرما ناعما
- نصف ملعقة صغيرة ملح

الاتجاهات

a) كريم الزبدة والسكر معا. يُضاف البيض والفانيليا وبرش الليمون وإكليل الجبل والملح ومسحوق الخبز. أضف كوبًا واحدًا من الدقيق في كل مرة.

b) ربت على رغيفين بارتفاع 1 بوصة وعرض 2 بوصة. تُخبز في 325 درجة فهرنهايت لمدة 25 دقيقة أو حتى يصبح لونها بنياً ذهبياً.

c) أخرجه من الفرن وانزلق من صينية الخبز على لوح التقطيع. قطّع الأرغفة إلى شرائح بسمك بوصة وضعها مرة أخرى في صينية الخبز على جانبها.

d) تُعاد صينية الخبز إلى الفرن وتُخبز لمدة 10 دقائق أخرى أو حتى تصبح مقرمشة.

حلويات السكر

31. بسكويت سكر اللوز

المحصول: 32 ملف تعريف ارتباط

مكونات

- 5 ملاعق كبيرة من السمن النباتي (75 جم)
- $1\frac{1}{2}$ ملعقة كبيرة فركتوز
- 1 ملعقة طعام بياض بيض
- نصف ملعقة صغيرة لوز أو فانيليا أو خلاصة ليمون
- 1 كوب دقيق غير مبيض
- نصف ملعقة صغيرة من صودا الخبز
- رشة من كريمة التارتار
- 32 شريحة لوز

الاتجاهات

a) يسخن الفرن إلى 350 درجة فهرنهايت (180 درجة مئوية). في وعاء متوسط الحجم ، يُمزج المارجرين والفركتوز مع الخفق حتى يصبح خفيفًا ورقيقًا. اخلطي بياض البيض وخلاصة اللوز. يُضاف الدقيق ، صودا الخبز ، وكريم التارتار تدريجياً. اخلط جيدا. شكليها على هيئة كرات مقاس 1 سم. ضعها على ورقة ملف تعريف ارتباط غير لاصقة.

b) ضع كوبًا مسطحًا في الدقيق واضغط على كل كرة لتسطيح البسكويت. ضع فوق كل ملف تعريف ارتباط شريحة من اللوز. اخبزيها لمدة 8 إلى 10 دقائق ، حتى يصبح لونها بني فاتح. انقله إلى ورق البرشمان أو ورق الشمع ليبرد.

32. حلويات السكر

يصنع: 48 كوكيز

مكونات

- 1 18.25 أونصة خليط كعكة الشوكولاتة البيضاء
- نصف كوب زبدة
- 2 بياض بيضه
- 2 ملاعق كبيرة قشدة خفيفة

الاتجاهات

a) ضعي خليط الكيك في وعاء كبير. باستخدام خلاط المعجنات أو شوكتين، قطعي الزبدة حتى تصبح الجزيئات ناعمة.

b) يُمزج بياض البيض والقشدة حتى يتجانس. شكلي العجينة على شكل كرة وغطيها.

c) يبرد لمدة ساعتين على الأقل وما يصل إلى 8 ساعات في الثلاجة.

d) سخني الفرن إلى 375 درجة فهرنهايت.

e) افردي العجينة على شكل كرات مقاس 1 إنش وضعيها على صفائح بسكويت غير مدهونة.

f) اخبزيها لمدة 7-10 دقائق أو حتى تصبح حواف البسكويت بني فاتح.

g) تبرد على أوراق البسكويت لمدة دقيقتين، ثم تُرفع على الرفوف السلكية لتبرد تمامًا.

33. بسكويت السكر مع فروستينج كريمة الزبدة

المحصول: 5 دزينة

مكونات

بسكويت:

- 1 كوب زبدة
- 1 كوب سكر أبيض
- 2 بيض
- 2/1 ملعقة صغيرة من خلاصة الفانيليا
- 4/31 أكواب طحين لجميع الأغراض
- 2/1 ملعقة صغيرة بيكنج بودر
- 2/1 ملعقة صغيرة من صودا الخبز
- ملح 2/1 ملعقة صغيرة

صقيع الزبدة:

- 2/1 كوب سمن
- 1 رطل سكر الحلواني
- 5 ملاعق كبيرة ماء
- 4/1 ملعقة صغيرة ملح
- 2/1 ملعقة صغيرة من خلاصة الفانيليا
- 4/1 ملعقة صغيرة مستخلص بنكهة الزبدة

الاتجاهات

a) في وعاء كبير ، اخلطي الزبدة والسكر والبيض والفانيليا بخلاط كهربائي حتى يصبح المزيج خفيفًا ورقيقًا. يُمزج الدقيق مع البيكنج بودر وصودا الخبز والملح ؛ يقلب خليط

الدقيق تدريجيًا مع خليط الزبدة حتى يمتزج جيدًا باستخدام ملعقة متينة. برّد العجين لمدة ساعتين.

b) سخني الفرن مسبقًا إلى 400 درجة فهرنهايت (200 درجة مئوية). على سطح مرشوش بالدقيق ، افردي العجينة حتى سمك 4/1 بوصة. تقطع إلى الأشكال المرغوبة باستخدام قواطع ملفات تعريف الارتباط. ضع ملفات تعريف الارتباط على بعد 2 بوصة على صفائح ملفات تعريف الارتباط غير مدهون.

c) تخبز لمدة 4 إلى 6 دقائق في فرن مسخن. إزالة ملفات تعريف الارتباط من المقلاة وتبرد على رفوف الأسلاك.

d) باستخدام الخلاط الكهربائي ، اخفقي السمن وسكر الحلويات والماء والملح وخلاصة الفانيليا ونكهة الزبدة حتى يصبح المزيج رقيقًا. قم بتجميع ملفات تعريف الارتباط بعد أن تبرد تمامًا.

34. بسكويت سكر بابل اللوز

المحصول: حصة واحدة

مكونات

- 2¼ كوب دقيق لجميع الأغراض
- 1 كوب سكر
- 1 كوب زبدة
- 1 بيضة
- 1 ملعقة صغيرة من صودا الخبز
- 1 ملعقة صغيرة فانيليا
- 6 أوقية لوز لبنة

الاتجاهات

a) يسخن الفرن إلى 350 درجة فهرنهايت. أوراق الشحوم. في وعاء كبير ، يُمزج الدقيق والسكر والزبدة والبيض وصودا الخبز والفانيليا. يخفق على سرعة متوسطة ، وكشط الوعاء كثيرًا ، حتى يختلط جيدًا ، من 2 إلى 3 دقائق. يقلب في قطع الطوب اللوز.

b) شكل ملعقة صغيرة مدورة من العجين على شكل كرات بحجم 1 بوصة. ضع بوصتين متباعدتين على أوراق البسكويت المعدة. قم بتسطيح ملفات تعريف الارتباط إلى سمك بوصة مع قاع زجاج بالزبدة مغموس في السكر.

c) اخبزيها لمدة 8 إلى 11 دقيقة أو حتى تصبح الحواف بنية خفيفة جدًا. قم بإزالته على الفور.

35. بسكويت السكر الأميش

المحصول: 24 حصة

مكونات

- نصف كوب سكر
- نصف كوب سكر بودرة
- ربع كوب مارجرين (2/1 عصا)
- نصف كوب زيت نباتي
- 1 بيضة؛ (كبير)
- 1 ملعقة صغيرة فانيليا
- 1 ملعقة صغيرة منكه ليمون أو لوز
- 2 ملاعق كبيرة ماء
- $2\frac{1}{4}$ كوب دقيق لجميع الأغراض
- نصف ملعقة صغيرة من صودا الخبز
- $\frac{1}{2}$ ملعقة صغيرة كريم التارتار.
- نصف ملعقة صغيرة ملح

الاتجاهات

a) ضعي السكريات والسمن والزيت في وعاء الخلاط واخلطيهم بسرعة متوسطة حتى يصبح المزيج كريميًا. أضف البيض والفانيليا والنكهة والماء ، واخلطهم بسرعة متوسطة لمدة 30 ثانية ، وقم بكشط الوعاء قبل وبعد إضافة هذه المكونات.

b) قلب المكونات المتبقية معًا حتى تمتزج جيدًا ؛ أضيفيها إلى خليط الكريمة واخلطيها بسرعة متوسطة حتى تمتزج. شكلي العجين إلى 24 كرة باستخدام 1 ملعقة كبيرة عجين لكل كرة.

c) توضع الكرات على رقائق البسكويت التي تم رشها برذاذ المقلاة أو مبطنة بورق الألمنيوم. اضغط على الكرات لأسفل بالتساوي حتى 'مع غمس ظهر ملعقة كبيرة في الماء.

d) اخبز في 375 لمدة 12 إلى 14 دقيقة ، أو حتى يتحول لونها إلى البني من الأسفل وتحمر قليلاً حول الحواف. قم بإزالة ملفات تعريف الارتباط إلى رف سلكي وتبرد إلى درجة حرارة الغرفة.

36. ملفات تعريف الارتباط الأساسية من شحم الخنزير

المحصول: حصة واحدة

مكونات

- نصف كوب شحم
- كوب سكر بني معبأ
- 1 كل بيضة
- 1 ملعقة صغيرة فانيليا
- 1 ملعقة صغيرة بيكنج بودر

2 كوب دقيق

الاتجاهات

a) يخفق شحم الخنزير والسكر والبيض معًا حتى يصبح المزيج كريميًا وممزوجًا جيدًا.

b) نضيف الفانيليا ونضيف البيكنج بودر والدقيق حتى تتشكل عجينة.

c) تشكل العجين على شكل كرات يبلغ قطرها حوالي 1 بوصة ، وتوضع على ورقة بسكويت.

d) افرد الكرات قليلاً بأصابعك لعمل كعكة دائرية. (بالنسبة لملفات تعريف الارتباط بالسكر ، يُرش السطح بقليل من السكر.) تُخبز في فرن 350 مُسخَّن مسبقًا حتى تصبح الحواف بنية اللون.

e) أزله واتركه يبرد.

37. بسكويت القرفة والسكر

المحصول: 48 حصة

مكونات
- 2½ كوب طحين
- نصف كوب زبدة
- 2½ ملعقة صغيرة بيكنج بودر
- نصف كوب سكر
- نصف ملعقة صغيرة ملح
- 1 بيضة؛ للضرب
- نصف ملعقة صغيرة قرفة
- نصف كوب من اللبن
- خليط السكر
- نصف كوب سكر
- 1 ملعقة صغيرة قرفة

الاتجاهات

a) اخلطي الدقيق مع البيكنج بودر والملح ونصف ملعقة صغيرة من القرفة. في وعاء آخر، أضيفي السمن والسكر حتى يصبح المزيج خفيفًا ورقيقًا. اضف بيضة و اخلط جيدا.

b) قلّبي نصف كمية الدقيق، ثم أضيفي الحليب والطحين المتبقي، واخلطي بين كل إضافة. لا تضيف المزيد من الدقيق، ستصنع عجينة طرية لن تكون لزجة بعد أن تبرد.

c) برّدي العجينة في الثلاجة لبضع ساعات حتى تبرد تمامًا. خذ ملاعق كبيرة من العجين وشكلها برفق على شكل كرات.

d) تُلف كرات العجين في مزيج القرفة / السكر ثم تُسطح وتُوضع على صينية مدهونة بالزيت وتُخبز على حرارة 375 درجة لمدة 12 دقيقة تقريبًا.

38. بسكويت السكر المكسور

المحصول: 48 حصة

مكونات
- $1\frac{1}{4}$ كوب سكر
- 1 كوب زبدة طرية
- 3 صفار بيض مخفوق
- 1 ملعقة صغيرة فانيليا
- $2\frac{1}{2}$ كوب دقيق منخول لجميع الأغراض
- 1 ملعقة صغيرة من صودا الخبز
- ملعقة صغيرة كريمة التارتار

الاتجاهات

a) سخن الفرن إلى 350 درجة. دهن ورقتين من ملفات تعريف الارتباط بقليل من الدهن. يُخفق السكر والزبدة معًا حتى يضيء. اخفقي صفار البيض والفانيليا.

b) يُنخل الدقيق المنخل المُقاس مع صودا الخبز وكريم التارتار، ثم يُمزج مع خليط الزبدة والسكر.

c) تشكل العجين على شكل كرات بحجم الجوز. ضع 2 بوصة بعيدًا عن أوراق ملفات تعريف الارتباط. لا تتسطح.

d) اخبزيها لمدة 11 دقيقة حتى تتشقق القمم ويتحول لونها فقط. تبرد على رف السلك. يجعل 4 دزينة.

39. بسكويت سكر البقان

المحصول: حصة واحدة

مكونات
- 1¼ كوب سكر ، ماء بني فاتح
- 3 ملاعق كبيرة عسل
- 1 بيضة
- 2⅓ كوب طحين
- 1 كوب جوز أمريكي ، مطحون خشن
- 2½ ملعقة كبيرة قرفة
- 1 ملعقة كبيرة صودا الخبز
- 1 ملعقة كبيرة بهارات

الاتجاهات

a) في وعاء الخلط ، يُمزج السكر البني والماء والعسل والبيض. فاز حوالي 10 ثوان مع خلاط.

b) في وعاء منفصل ، يُمزج الدقيق ، البقان ، القرفة ، البهارات وبيكربونات الصودا ، البيكينغ باودر ، يُمزج جيداً.

c) أضف إلى المكونات الرطبة وقلّب. نضع الخليط في ملعقة صغيرة على ورقة بسكويت مدهونة بالزبدة. اخبز في 375 درجة لمدة 12 دقيقة.

d) يصنع حوالي 3 دزينة من ملفات تعريف الارتباط. اتركه يبرد جيدًا قبل التخزين.

40. بسكويت السكر بالتوابل

المحصول: 40 ملف تعريف ارتباط

مكونات
- نصف كوب سمن نباتي بدرجة حرارة الغرفة
- 1 كوب سكر بني فاتح معبأ بقوة
- 1 بيضة كبيرة مخفوقة
- كوب دبس السكر غير مكبريت
- 2 كوب طحين لجميع الأغراض
- 2 ملاعق صغيرة من صودا الخبز
- 1 ملعقة صغيرة قرفة
- 1 ملعقة صغيرة زنجبيل مطحون
- ملعقة صغيرة قرنفل مطحون
- نصف ملعقة صغيرة ملح
- حبيبات سكر لغمس كرات العجين.

الاتجاهات

a) في وعاء كريمة السمن مع السكر البني حتى يصبح الخليط خفيف ورقيق ويقلب مع البيض والدبس. في وعاء آخر ينخل الدقيق مع صودا الخبز والقرفة والزنجبيل والقرنفل والملح ويضاف خليط الدقيق على دفعات إلى خليط السمن ويخلط جيدا. برّدي العجين ، مغطى لمدة ساعة.

b) تُلف ملاعق كبيرة من العجين إلى كرات ، وتغمس جانبًا واحدًا من كل كرة في السكر الحبيبي ، وترتيب الكرات ، بحيث تكون الجوانب المحلاة لأعلى ، على بعد حوالي 3 بوصات على صفائح خبز مدهونة بالزبدة. اخبز ملفات تعريف الارتباط على دفعات في منتصف فرن مسخن مسبقًا 375 درجة فهرنهايت لمدة 10 إلى 12 دقيقة ، أو حتى تنتفخ وتتشقق من الأعلى. انقل ملفات تعريف الارتباط بملعقة معدنية إلى الرفوف واتركها تبرد. يصنع حوالي 40 ملف تعريف ارتباط.

41. بسكويت سكر الفستق

المحصول: حصة واحدة

مكونات
- نصف كوب زبدة
- 1 كوب سكر
- 1 بيضة كبيرة
- 1 ملعقة صغيرة فانيليا
- $1\frac{1}{4}$ كوب دقيق منخول
- 1 ملعقة صغيرة بيكنج بودر
- نصف ملعقة صغيرة ملح
- ربع كوب فستق مفروم ناعم

الاتجاهات

a) في وعاء كبير ، اخفقي الزبدة والسكر حتى تصبح طرية ورقيقة. يخفق في البيض والفانيليا. اخلط الدقيق مع البيكنج بودر و الملح؛ يضاف إلى خليط الكريما ويخلط جيدا. برّد العجين جيدًا.

b) سخني الفرن إلى 375 درجة مئوية. افردي العجينة إلى سمك بوصة على لوح مرشوش عليه القليل من الدقيق. قطعيها باستخدام قواطع البسكويت ورتّبيها على صفائح غير مدهونة. يرش الفستق المفروم على الوجه. اضغط برفق.

c) تُخبز في 375 درجة مئوية لمدة 5 دقائق أو حتى تبدأ الحواف في التحول إلى اللون البني.

d) إزالة لرفوف السلك لتبرد.

كعكات الجبن

42. ملفات تعريف الارتباط الجبن

المحصول: 1 حصة

مكونات

- 4 أونصات (1 كوب) جبن شيدر حاد مبشور.
- كوب مايونيز أو زبدة طرية
- 1 كوب دقيق لجميع الأغراض
- نصف ملعقة صغيرة ملح
- رشة فلفل أحمر مطحون

الاتجاهات

a) ضع ملعقة طحين في كوب القياس ؛ مستوى قبالة.

b) في وعاء متوسط ، اخلطي الجبن والسمن والدقيق والملح والفلفل الأحمر. تخلط جيدا وتغطى وتبرد لمدة ساعة.

c) شكلي العجينة على شكل كرات بحجم 1 بوصة.

d) ضع 2 بوصة على صينية غير مدهونة. افردها بأسنان من الشوكة أو استخدم مطري اللحم المغمس في الدقيق.

e) إذا رغبت في ذلك ، رش القليل من البابريكا.

f) اشويها لمدة 10 إلى 12 دقيقة

43. كوكيز شوكليت تشيب

الحصص: 12 كوكيز

مكونات:

- نصف كوب زبدة
- نصف كوب جبن كريمي
- 1 بيضة مخفوقة
- 1 ملعقة صغيرة فانيليا
- نصف كوب اريثريتول
- كوب دقيق جوز الهند
- كوب رقائق شوكولاتة خالية من السكر

الاتجاهات:

a) سخن المقلاة الهوائية مسبقًا إلى 350 درجة فهرنهايت. غلف سلة المقلاة الهوائية بورق زبدة وضع البسكويت بالداخل

b) في وعاء نخلط الزبدة والجبن. يُضاف الإريثريتول ومستخلص الفانيليا ويُخفق حتى يصبح رقيقًا. أضيفي البيضة واخفقيها حتى تتجانس. يُمزج في دقيق جوز الهند ورقائق الشوكولاتة. دع العجينة ترتاح لمدة 10 دقائق.

c) استخرج حوالي 1 ملعقة كبيرة من العجين وشكل ملفات تعريف الارتباط.

d) ضعي البسكويت في سلة المقلاة الهوائية واطهيه لمدة 6 دقائق.

44. كوكيز جبنة كريمة المشمش

المحصول: 4 حصص

مكونات

- 1½ كوب سمن
- 1½ كوب سكر
- 8 أونصات جبنة فيلادلفيا
- 2 بيضة
- 2 ملاعق كبيرة عصير ليمون
- 1½ ملعقة صغيرة من قشر الليمون
- 4½ كوب طحين
- 1½ ملعقة صغيرة بيكنج بودر
- حشوة المشمش
- السكر والحلويات
- 11 أونصة مشمش مجفف
- نصف كوب سكر

الاتجاهات

a) يُمزج المارجرين مع السكر وخلط الجبن الكريمي الطري حتى يتجانس

b) ممزوج. اخلطي البيض وعصير الليمون والقشر. تُضاف المكونات الجافة المُدمجة إلى مزيج الجبن الكريمي وتُمزج جيدًا وتُبرّد. تتدحرج إلى كرة متوسطة الحجم. مكان على ورقة الكعكة غير مدهون. تسطيح قليلاً ، مركز المسافة البادئة ، وضع حشوة المشمش في المنتصف. اخبزي 350 درجة لمدة 15 دقيقة. تبرد قليلا ورش السكر البودرة على الوجه.

c) **حشوة:**ضع 1 pkg. (11 أونصة) مشمش في قدر ويضاف الماء فقط قم بتغطيته. يُضاف نصف كوب (أو حسب الرغبة) من السكر ويُغلى المزيج.

d) يُغطّى ويُترك على نار خفيفة لمدة 10 دقائق أو حتى ينضج المشمش ويتم امتصاص معظم الماء. القوة من خلال المنخل أو الخلاط. يصنع 2 كوب.

45. كوكيز بالجبن بزبدة الفول السوداني

المحصول: 12 حصة

مكونات
- نصف كوب زبدة الفول السوداني
- 1 كوب مبشور حاد أو خفيف جبنة الشيدر
- نصف كوب زبدة طرية
- $1\frac{1}{2}$ كوب دقيق لجميع الأغراض غير مبيض
- نصف ملعقة صغيرة ملح

الاتجاهات

a) في وعاء متوسط ، اخلطي زبدة الفول السوداني والجبن والزبدة والدقيق والملح. اخلط جيدا. غطيه واتركيه يبرد لمدة ساعة.

b) سخني الفرن إلى 375 درجة فهرنهايت. ضعي ملعقة صغيرة من العجين على بعد 2 بوصة على صينية البسكويت واخبزيها لمدة 10 إلى 12 دقيقة أو حتى يصبح لونها بنياً ذهبياً.

46. الكوكيز المنزلية الجبن

المحصول: 6 حصص

مكونات
- نصف كوب زبدة أو بدائل زبدة
- $1\frac{1}{2}$ كوب طحين
- 2 ملعقة شاي مسحوق الخبز
- ربع كوب جبن قريش
- نصف كوب سكر
- نصف ملعقة صغيرة ملح

الاتجاهات

a) تُخفق الزبدة والجبن حتى تمتزج جيدًا. ينخل الدقيق ، ويقيس ، وينخل مع السكر ، والبيكنج بودر ، والملح. أضف تدريجياً إلى الخليط الأول. تشكل على شكل رغيف. البرد بين عشية وضحاها. شريحة رقيقة.

b) ضعيها على صفيحة خبز مدهونة قليلاً بالزيت. تُخبز في فرن متوسط (400 فهرنهايت) لمدة 10 دقائق ، أو حتى يصبح لونها بنيًا رقيقًا.

47. بسكويت دقيق الشوفان بالجبن القريش

المحصول: حصة واحدة

مكونات
- 1 كوب طحين
- 1 ملعقة صغيرة ملح
- نصف ملعقة صغيرة من صودا الخبز
- 1 ملعقة صغيرة قرفة
- $1\frac{1}{2}$ كوب سكر
- نصف كوب دبس
- 1 بيضة مخفوقة
- 1 ملعقة صغيرة قشر ليمون
- 1 ملعقة كبيرة عصير ليمون
- كوب سمن مذاب
- كوب جبن قريش مبشور
- 3 أكواب شوفان سريع الطهي

الاتجاهات

a) يُنخل الدقيق والملح وصودا الخبز والقرفة معًا. اخلطي المكونات الخمسة التالية ، ثم أضيفي خليط الدقيق المنخل والسمن والجبن القريش.

b) يُمزج الشوفان الملفوف. توضع ملعقة صغيرة على ورق البسكويت مدهون بالزبدة وتخبز في 350-375 حتى تنضج. يصنع 4 دزينة من ملفات تعريف الارتباط.

48. جبنة كريم وجيلي كوكيز

المحصول: 36 كوكيز

مكونات

- ربع كوب مارجرين طري
- 8 أونصات Pkg. مخفض = جبن كريمي دسم ، طري
- $2\frac{1}{2}$ ملعقة صغيرة محلى
- 2 كوب طحين لجميع الأغراض
- نصف ملعقة صغيرة ملح
- نصف كوب من الكرز الأسود أو فاكهة توت العليق الخالية من البذور

الاتجاهات

a) يخفق المارجرين والجبن الكريمي والكمية المتساوية في وعاء متوسط حتى يصبح رقيقًا. اخلطي الدقيق والملح لتشكيل عجينة طرية. ضعي العجينة في الثلاجة لمدة 3 ساعات ، ومغطاة حتى تتماسك.

b) تُلف العجينة على سطح مرشوش بالدقيق إلى دائرة بسمك بوصة ، مقطّعة إلى دوائر بقطاعة 3 بوصات. ضع نصف ملعقة صغيرة مدورة من الفاكهة القابلة للدهن في وسط كل جولة ؛ قم بطي الدوائر إلى نصفين وقم بتجعيد الحواف بإحكام باستخدام أشواك الشوكة. اثقب قطع البسكويت برأس سكين حاد.

c) تُخبز البسكويت على أوراق بسكويت مدهونة بالدهون في فرن مُسخن مسبقًا 350 ~ حتى يتحول لونه إلى البني الفاتح ، حوالي 10 دقائق. تبرد على رفوف الأسلاك.

49. قطع كوكيز جبنة كريم

المحصول: 5 حصص

مكونات

- 1 كوب سكر
- 1 كوب مارجرين خففت - = أو = -
- 1 كوب زبدة
- 1 عبوة (3 أونصات) جبنة كريمية طرية
- 1 ملعقة صغيرة فانيليا
- 1 بيضة؛
- $2\frac{1}{2}$ كوب دقيق كامل ؛ - = أو = -
- $2\frac{1}{2}$ كوب دقيق غير مبيض
- $\frac{1}{4}$ ملعقة صغيرة ملح.
- سكر ملون اذا رغب

الاتجاهات

a) في وعاء كبير ، اخفقي السكر والسمن والجبن حتى تصبح خفيفة ورقيقة. أضيفي الفانيليا والبيض واخلطوا جيداً.

b) ضع ملعقة طحين في كوب القياس ، واستواء. يقلب الدقيق والملح في السمن. اخلط جيدا. غطاء بغطاء بلاستيكي. قم بتبريده من ساعة إلى ساعتين لتسهيل التعامل معه. فرن تسخين 375 فهرنهايت.

c) على طحين خفيف. سماكة؛ ضعي العجينة المتبقية في الثلاجة. تقطع العجينة إلى الأشكال المرغوبة باستخدام قواطع البسكويت المطحونة. ضع 1 بوصة بعيدًا على ورقة ملف تعريف الارتباط غير مدهون.

d) اترك البسكويت سادة أو رشها بالسكر الملون.

e) تُخبز البسكويت على درجة 375 درجة لمدة 7 - 10 دقائق ، أو حتى تصبح الحواف بنية خفيفة. بارد دقيقة واحدة إزالتها من أوراق ملفات تعريف الارتباط. قم بتجميد وتزيين ملفات تعريف الارتباط العادية ، إذا رغبت في ذلك.

50. كوكيز زبدة الفول السوداني بجبنة كريم جامبو

المحصول: 12 حصة

مكونات
- 1 لفة من الكوكيز سلايس آند بيك المبردة
- نصف كوب زبدة الفول السوداني
- 4 أونصات جبنة كريمية ؛ خففت
- 3 ملاعق كبيرة سكر
- نصف ملعقة صغيرة ملح
- 3 ملاعق كبيرة مارجرين أو زبدة طرية
- 2 ملاعق كبيرة حليب
- 2 ملاعق صغيرة من خلاصة الفانيليا
- كوب فول سوداني مقطع

الاتجاهات

a) سخني الفرن إلى 375 درجة فهرنهايت. افردي عجينة الكوكيز في صينية بيتزا مقاس 12 بوصة. اخبزيها لمدة 12 إلى 13 دقيقة أو حتى يصبح لونها بنياً ذهبياً.

b) اتركه يبرد حتى يبرد. في وعاء صغير ، اخلطي زبدة الفول السوداني والجبن الكريمي والسكر والملح والسمن والحليب والفانيليا. اخفقي على سرعة متوسطة بخلاط كهربائي حتى يصبح خفيفًا ورقيقًا. يُوزّع المزيج على البسكويت ويُرش بالفول السوداني المفروم. مقطعة إلى أسافين.

51. بسكويت الجبن المكسيكي

المحصول: 24 حصة

مكونات
- نصف كوب سكر
- ربع كوب مارجرين
- 1 كوب جبن مونتيري جاك - تمزيقه
- 1 كوب دقيق لجميع الأغراض
- 1 ملعقة صغيرة بيكنج بودر
- نصف ملعقة صغيرة ملح
- 1 بيضة كبيرة - مخفوقة

الاتجاهات

a) سخني الفرن إلى 375 درجة. 1-اخلطي السكر والسمن المخفف. يقلب في الجبن. يضاف باقي المكونات ماعدا البيض. 2-لف العجين بملعقة صغيرة في عيدان ، حوالي 3 بوصة. توضع على ورقة البسكويت مدهونة بقليل من الزيت. اضغط على العصي برفق لتسطيح. دهنها بالبيض المخفوق.

b) 3-اخبزيها حتى يصبح لونها بني فاتح حول الحواف فقط ، 8-10 دقائق. أخرجه على الفور من الورقة وقم بتبريده على الرفوف السلكية. ملفات تعريف الارتباط الفريدة هذه هشّة.

52. ملفات تعريف الارتباط بالجبن البرتقالي الكريمي

المحصول: حصص 48

مكونات
- نصف كوب سمن
- 2 بيض
- 2 ملاعق كبيرة قشر برتقال مبشور
- 2 كوب دقيق منخول
- 12 أوقية رقائق شوكولاتة
- 1 كوب سكر
- 8 أونصات جبنة كريمية
- 2 ملاعق صغيرة فانيليا
- 1 ملعقة صغيرة ملح

الاتجاهات

a) دهن الكريمة والسكر والبيض معًا ؛ يضاف الجبن الكريمي وقشر البرتقال والفانيليا. أضف تدريجياً الدقيق المضاف إليه الملح ؛ اخلط جيدا.

b) امزج رقائق الشوكولاتة. تُسقط من ملعقة صغيرة على ورقة البسكويت غير مدهون.

c) تخبز في فرن بدرجة 350 درجة لمدة 10 إلى 12 دقيقة.

53. كوكيز التفاح بالجبن بالأعشاب

المحصول: حصة واحدة

مكونات
- كوب دقيق متعدد الاستعمالات
- كوب دقيق قمح كامل
- 1 كوب جبن شيدر مبشور
- 4 ملاعق كبيرة سمن بنكهة الزبدة
- 1 بيضة
- نصف كوب من اللبن
- 2 تفاحة مقشرة ومنزوعة البذور ومفرومة ناعماً
- 1 ملعقة صغيرة بقدونس طازج مفروم

الاتجاهات

a) سخني الفرن إلى 400 درجة فهرنهايت. يُمزج الدقيق والجبن ويُقطع السمن. يخفق البيض مع اللبن ، ويصب في خليط الدقيق.

b) يُضاف التفاح والبقدونس إلى خليط الدقيق الرطب ويُحرّك حتى تتشكل عجينة طرية. تُسقط بالملعقة على ورقة بسكويت غير مدهون ، وتُخبز لمدة 15 إلى 20 دقيقة.

54. كوكيز جبنة الريكوتا

المحصول: 5-8 حصص

مكونات

- ½ جنيه مرجرين
- 2 بيض
- 1 رطل من جبنة الريكوتا
- 2 كوب سكر
- 1 ملعقة صغيرة بيكنج بودر
- 1 ملعقة صغيرة من صودا الخبز
- 4 أكواب طحين
- 2 ملاعق صغيرة من الفانيليا أو مستخلص الليمون
- نصف ملعقة صغيرة جوزة الطيب

الاتجاهات

a) يُخفق الزبدة والسكر ثم يُضاف المستخلص. أضيفي بيضة واحدة تلو الأخرى واخفقي جيدًا بعد كل إضافة. يضاف الجبن ويخفق لمدة دقيقة.

b) أضف المكونات الجافة ببطء. تُسقط بمقدار ملاعق صغيرة على ورقة بسكويت غير مدهونة. اخبز على 350 درجة لمدة 12-15 دقيقة.

c) اقلبه على الرف ليبرد ورشه بالسكر البودرة إذا رغبت في ذلك.

55. بسكويت جبنة شوكو كريم

المحصول: 48 حصة

مكونات
- 8 أونصات جبنة كريمية خفيفة
- ربع كوب مارجرين
- 1 بيضة
- $1\frac{1}{2}$ كوب سكر
- 300 غرام رقائق الشوكولاتة منقسم
- $2\frac{1}{4}$ كوب طحين
- $1\frac{1}{2}$ ملعقة صغيرة من صودا الخبز
- ربع كوب جوز مفروم

الاتجاهات

a) يخفق الجبن الكريمي مع الزبدة والبيض والسكر حتى يصبح خفيفًا ورقيقًا. تذوب 1 كوب من رقائق الشوكولاتة.

b) يقلب في الخليط. أضيفي الدقيق ، صودا الخبز والجوز مع رقائق الشوكولاتة المتبقية. تُسقط من ملعقة كبيرة على ورقة البسكويت غير مدهون.

c) اخبزيها على حرارة 350 درجة لمدة 10-12 دقيقة أو حتى تتماسك حول الحواف. ترفع من أوراق البسكويت وتبرد.

كوكيز الزنجبيل

56. الجدة Gingersnaps

مكونات

- 4/3 كوب سمن
- 1 كوب سكر أبيض
- 1 بيضة
- 4/1 كوب دبس السكر
- 2 كوب طحين لجميع الأغراض
- 1 ملعقة كبيرة زنجبيل مطحون
- 1 ملعقة صغيرة قرفة مطحونة
- 2 ملاعق صغيرة من صودا الخبز
- ملح 2/1 ملعقة صغيرة
- 2/1 كوب سكر أبيض للزينة

الاتجاهات

a) سخني الفرن إلى 350 درجة فهرنهايت (175 درجة مئوية).

b) في وعاء متوسط ، اخفقي المارجرين مع 1 كوب سكر أبيض حتى يصبح المزيج ناعمًا. اخفقي البيض والدبس حتى يمتزجا جيدًا. يُمزج الدقيق والزنجبيل والقرفة وصودا الخبز والملح ؛ يقلب المزيج مع دبس السكر لتشكيل عجينة. تُلف العجين على شكل كرات مقاس 1 إنش ولف الكرات في السكر المتبقي. ضع ملفات تعريف الارتباط على بعد 2 بوصة على صفائح ملفات تعريف الارتباط غير مدهون.

c) تخبز لمدة 8 إلى 10 دقائق في فرن مسخن. اترك ملفات تعريف الارتباط لتبرد على ورقة الخبز لمدة 5 دقائق قبل إزالتها على رف سلكي لتبرد تمامًا.

57. أولاد الزنجبيل

مكونات

- 1 كوب زبدة طرية
- 1 1/2 كوب سكر أبيض
- 1 بيضة
- 11/2 ملاعق طعام من بشر البرتقال
- 2 ملاعق كبيرة شراب ذرة غامق
- 3 أكواب طحين لجميع الأغراض
- 2 ملاعق صغيرة من صودا الخبز
- 2 ملعقة صغيرة قرفة مطحونة
- 1 ملعقة صغيرة زنجبيل مطحون
- 1/2 ملعقة صغيرة قرنفل مطحون
- ملح 1/2 ملعقة صغيرة

الاتجاهات

a) اخفقي الزبدة والسكر معًا. اضف البيض واخفق جيدا. اخلطي قشر البرتقال مع شراب الذرة الداكن. يُضاف الدقيق ، صودا الخبز ، القرفة ، الزنجبيل ، القرنفل المطحون والملح ، ويُمزج المزيج جيداً. برّد العجين لمدة ساعتين على الأقل.

b) سخني الفرن إلى 375 درجة فهرنهايت (190 درجة مئوية). أوراق الشحوم. على سطح مرشوش بالقليل من الدقيق ، قم بلف العجين حتى يصل سمكه إلى 1/4 بوصة. تقطع إلى الأشكال المرغوبة باستخدام قواطع ملفات تعريف الارتباط. ضع ملفات تعريف الارتباط على بعد بوصة واحدة على أوراق ملفات تعريف الارتباط المعدة.

c) تُخبز لمدة 10 إلى 12 دقيقة في فرن مُسخن مسبقًا ، حتى تصبح البسكويت متماسكة ومحمصة قليلاً على الأطراف.

58. كرات شوكولاتة رم

مكونات

- 3 4/1 أكواب بسكويت ويفر بالفانيليا
- 4/3 كوب سكر حلويات
- 4/1 كوب من مسحوق الكاكاو غير المحلى
- 1 2/1 كوب جوز مفروم
- 3 ملاعق كبيرة شراب ذرة خفيف
- 2/1 كوب رم

الاتجاهات

a) في وعاء كبير ، اخلطي رقائق الفانيليا المسحوقة مع 4/3 كوب سكر الحلويات والكاكاو والمكسرات. يُمزج شراب الذرة والرم.

b) شكليها على شكل كرات بقياس 1 بوصة ولفي سكر الحلويات الإضافي. يخزن في وعاء محكم الغلق لعدة أيام لتطوير النكهة. لفة مرة أخرى في السكر الحلويات قبل التقديم.

59. كوكيز دبس الزنجبيل

المحصول: 72 حصة

مكونات

- 2½ كوب طحين
- 2 ملاعق صغيرة من الزنجبيل المطحون
- 1 ملعقة صغيرة قرفة
- 2 ملاعق صغيرة من صودا الخبز
- نصف ملعقة صغيرة ملح
- 12 ملعقة كبيرة زبدة غير مملحة
- 1 كوب سكر بني
- 1 بيضة
- نصف كوب دبس
- سكر للدرفلة

الاتجاهات

a) يُمزج الدقيق والتوابل والصودا والملح. باستخدام الخلاط الكهربائي على سرعة متوسطة إلى منخفضة ، اخفقي الزبدة والسكر حتى يصبح الخليط خفيفًا ورقيقًا. يخفق في البيض والدبس. قلل السرعة إلى منخفضة ، ثم أضف خليط الدقيق تدريجيًا حتى يختلط تمامًا. تبرد حتى تصبح متماسكة ، حوالي ساعة واحدة. يسخن الفرن إلى 350 ~.

b) شكلي العجينة على شكل كرات مقاس 1 بوصة تقريبًا ، ثم ضعيها في السكر ، وضعي حوالي 2 بوصة على صينية الخبز. اخبز حتى تبدأ الحواف في التحول إلى اللون البني ، حوالي 15 دقيقة. تبرد على صينية الخبز لمدة دقيقتين ، ثم انقلها إلى الرفوف السلكية.

60. كعك عيد الميلاد بالزنجبيل المطاطي

المحصول: حصة واحدة

مكونات

- 2 كوب سكر
- 1 كوب دبس
- 1 كوب كريسكو
- 2 بيض
- 2 ملاعق صغيرة صودا
- 4 أكواب طحين
- 2 ملاعق صغيرة من الزنجبيل
- 2 ملاعق صغيرة قرفة
- 1 ملعقة صغيرة قرنفل
- نصف ملعقة صغيرة ملح

الاتجاهات

a) تخلط جيدا باليد وتضاف

b) تُلف إلى كرات بحجم حبة الجوز الصغيرة ، ثم تُلف إلى سكر أحمر وأخضر. اخبزيها على حرارة 350 درجة لمدة 9 دقائق. لن تبدو ملفات تعريف الارتباط مكتملة تمامًا ، ولكن لن يتم خبزها حتى تصبح صلبة ومضغوطة. سوف تغرق ملفات تعريف الارتباط وتتشقق فيها.

61. إسقاط الكوكيز الزنجبيل

المحصول: حصة واحدة

مكونات

- 1 كوب سكر
- 1 كوب دبس
- 1 كوب سمن
- 3 بيضات
- 1 كوب ماء الحار
- 1 ملعقة كبيرة صودا الخبز
- 1 ملعقة طعام زنجبيل
- 1 ملعقة صغيرة ملح
- 5 أكواب طحين

الاتجاهات

a) دهن الكريمة والسكر. يضاف البيض ويخفق جيدا. يضاف دبس السكر والزنجبيل والملح. فاز مرة أخرى. أضف الصودا إلى الماء الساخن. يقلب جيدا.

b) أضف إلى الخليط أعلاه. يضاف الدقيق ويسقط بالملعقة في مقلاة مدهونة.

c) تخبز في فرن متوسط.

62. كوكيز الزنجبيل والليمون

المحصول: حصص 36

مكونات

- ¼ أرطال زبدة غير مملحة
- نصف كوب سكر زائد
- 2 ملاعق كبيرة سكر - بالإضافة إلى المزيد
- للرش
- 1 بيضة كبيرة
- 1 ملعقة كبيرة قشر ليمون مبشور
- 1⅓ كوب دقيق لجميع الأغراض
- نصف ملعقة صغيرة من الزنجبيل المطحون
- نصف ملعقة صغيرة من صودا الخبز
- نصف ملعقة صغيرة ملح
- نصف كوب زنجبيل متبلور في 8/1 "نرد

الاتجاهات

a) سخني الفرن إلى 350 درجة. صفائح الخبز الخط 2 مع البرشمان ؛ اجلس جانبا.

b) في الخلاط الكهربائي ، استخدم المضرب لخلط الزبدة والسكر على سرعة متوسطة عالية حتى يصبح خفيفًا ورقيقًا لمدة 5 دقائق تقريبًا ، كشط جوانب الوعاء مرتين. أضف البيض تخلط بسرعة عالية للجمع.

c) أضف الحماس تخلط لتتحد. في وعاء ، اخفقي الدقيق ، الزنجبيل المطحون ، صودا الخبز ، الملح والزنجبيل المتبلور ، أضيفي إلى خليط الزبدة. اخلطي المزيج على سرعة متوسطة منخفضة للخلط ، حوالي 20 ثانية. باستخدام ملعقتين ، اسقط حوالي ملعقتين صغيرتين من الخليط على صينية الخبز. كرر ، تباعد بينهما بوصتين.

d) اخبزيها لمدة 7 دقائق. يجعل 3 دزينة.

63. كعك الزنجبيل قليل الدسم

المحصول: حصة واحدة

مكونات

- 1 كوب سكر بني معبأ
- نصف كوب عصير تفاح
- نصف كوب دبس
- 1 بيضة كبيرة
- $2\frac{1}{4}$ كوب طحين
- 3 ملاعق صغيرة من الزنجبيل المطحون
- $1\frac{1}{2}$ ملعقة صغيرة قرفة
- ملعقة صغيرة قرنفل مطحون
- 1 ملعقة صغيرة من صودا الخبز
- نصف كوب سكر أبيض

الاتجاهات

a) اخفقي السكر البني مع صلصة التفاح والدبس والبيض في وعاء كبير حتى يصبح المزيج ناعمًا. في وعاء آخر، نمزج باقي المكونات (ماعدا السكر الأبيض) ونقلب المزيج مع الخليط الرطب. غطيها وضعيها في الثلاجة لمدة ساعتين على الأقل أو طوال الليل.

b) سخن الفرن إلى 350 درجة. شكلي العجينة على شكل كرات صغيرة بحجم حبة الجوز، ولفيها في السكر الأبيض وضعيها على بعد 2 إنش على ورقة بسكويت مدهونة بالزبدة.

c) اخبزيها لمدة 10-15 دقيقة.

d) قم بإزالته واتركه ليبرد على الرف.

64. اليقطين وبسكويت الزنجبيل الطازج

المحصول: 2 دزينة

مكونات

- $1\frac{1}{4}$ كوب سكر بني فاتح معبأ
- 1 كوب هريس اليقطين
- 1 بيضة كبيرة
- 2 ملاعق كبيرة من جذر الزنجبيل الطازج المبشور
- 2 ملاعق كبيرة كريمة حامضة
- 1 ملعقة صغيرة فانيليا
- كوب زبدة غير مملحة طرية
- $2\frac{1}{4}$ كوب طحين
- 1 ملعقة صغيرة من صودا الخبز
- 1 ملعقة صغيرة بيكنج بودر
- نصف ملعقة صغيرة ملح
- نصف ملعقة صغيرة قرفة
- 1 كوب جوز مقطع
- 1 كوب كشمش أو زبيب مفروم

الاتجاهات

a) يُسخن الفرن إلى 350 ويُدهن بقليل من رقائق البسكويت. يُمزج السكر واليقطين والبيض والزنجبيل والقشدة الحامضة والفانيليا في محضر الطعام.

b) تحضير هريس سلس. نضيف الزبدة ونعالج 8 ثوان أخرى.

c) اخلطي الدقيق صودا الخبز والبيكنج بودر والملح والقرفة. حرك المكونات الجافة في السائل على مرحلتين حتى تمتزج.

65. بسكوت الزنجبيل الناعم

المحصول: حصة واحدة

مكونات

- 12 كوب طحين
- 4 أكواب دبس
- 2 كوب سمن
- 2 كوب حليب حامِض
- 2 ملاعق صغيرة من صودا الخبز
- 2 ملاعق كبيرة زنجبيل
- 2 ملاعق كبيرة قرفة
- 1 ملعقة صغيرة ملح
- 2 بيض للضرب

الاتجاهات

a) ينخل الدقيق في المقلاة ، ويشكل بئر في المنتصف. أضف السمن والدبس.

b) اللبن الرائب الذي تم إذابة الصودا فيه. أضف البهارات والملح والبيض.

c) اخلطيها بسرعة حتى تحصلي على عجينة ناعمة وسلسة. تخبز في فرن متوسط.

66. بسكويت الزنجبيل أحلام سعيدة

المحصول: 72 حصة

مكونات

- 2 أعواد سمن خففت
- 1½ كوب سكر بني فاتح ؛ معبأة بحزم
- 2 بيض
- 2½ كوب دقيق لجميع الأغراض
- 1 ملعقة صغيرة من صودا الخبز
- نصف ملعقة صغيرة ملح
- 1 ملعقة صغيرة قرفة
- 1 ملعقة صغيرة زنجبيل مطحون
- 1 كوب جوز البقان المفروم
- 12 أوقية لقمة الفانيليا
- 1 ملعقة صغيرة فانيليا

الاتجاهات

a) تُخفق المارجرين والسكر البني والبيض معًا. اخلطيهم معًا ثم أضيفي الدقيق ، صودا الخبز ، الملح ، القرفة ، والزنجبيل. أضيفي جوز البقان ورقائق الفانيليا والفانيليا.

b) تشكل في شكل كرات بوصة واحدة. لف الكرات في سكر الحلويات.

c) اخبزي لمدة 8-10 دقائق على 375 درجة.

ملفات تعريف الارتباط المسقطة

67. قطرات التوت البري البرتقالية

مكونات

- نصف كوب سكر بني معبأ
- 4/1 كوب زبدة طرية
- 1 بيضة
- 3 ملاعق كبيرة عصير برتقال
- 2/1 ملعقة صغيرة من مستخلص البرتقال
- 1 ملعقة صغيرة من قشر البرتقال المبشور
- 1 2/1 كوب دقيق لجميع الأغراض
- 2/1 ملعقة صغيرة بيكنج بودر
- 4/1 ملعقة صغيرة من صودا الخبز
- 4/1 ملعقة صغيرة ملح
- 1 كوب توت بري مجفف

الاتجاهات

a) سخني الفرن إلى 375 درجة فهرنهايت (190 درجة مئوية). دهن أوراق البسكويت بشحم خفيف أو صفها بورق الزبدة.

b) في وعاء متوسط ، اخفقي السكر الأبيض والسكر البني والزبدة معًا. أضيفي البيض وعصير البرتقال وخلاصة البرتقال وقشر البرتقال. نخل الطحين والبيكنج بودر وصودا الخبز والملح معًا. تخلط مع خليط البرتقال. يضاف التوت البري المجفف مع التقليب. تُسقط عجينة البسكويت عن طريق كومة ملاعق صغيرة ، متباعدة بوصتين ، على أوراق البسكويت المعدة.

c) اخبزيها لمدة 10 إلى 12 دقيقة ، أو حتى تبدأ الحواف في التحول إلى اللون البني. تبرد على ورق الخبز لمدة 5 دقائق ، ثم تُرفع إلى رف سلكي لتبرد تمامًا.

68. قطرات السكر البرقوق

مكونات

- 2/1 كوب زبدة طرية
- 2/1 كوب سمن
- 2/11 كوب سكر أبيض
- 2 بيض
- 2 ملاعق صغيرة من خلاصة الفانيليا
- 2 4/3 أكواب طحين لجميع الأغراض
- 2 ملاعق صغيرة كريمة التارتار
- 1 ملعقة صغيرة من صودا الخبز
- 4/1 ملعقة صغيرة ملح
- 2 ملاعق كبيرة سكر أبيض
- 2 ملعقة صغيرة قرفة مطحونة

الاتجاهات

a) يسخن الفرن إلى 400 درجة فهرنهايت (200 درجة مئوية).

b) تُخلط الزبدة والسمن مع 1 2/1 كوب سكر والبيض والفانيليا. يُمزج الدقيق مع كريمة التارتار والصودا والملح. شكل العجين بواسطة ملاعق مدورة إلى كرات.

c) اخلطي ملعقتين كبيرتين من السكر والقرفة. تُلف كرات العجين في الخليط. ضع بوصتين متباعدتين على صفائح خبز غير مدهونة.

d) اخبزيها من 8 إلى 10 دقائق ، أو حتى تنضج ولكن ليس بقوة شديدة. أخرجه على الفور من أوراق الخبز.

69. كعك عطلة الهلال الفييني

مكونات

- 2 كوب طحين لجميع الأغراض
- 1 كوب زبدة
- 1 كوب بندق مطحون
- 2/1 كوب سكر حلويات منخول
- 8/1 ملعقة صغيرة ملح
- 1 ملعقة صغيرة فانيليا
- 2 كوب سكر حلويات منخول
- 1 حبة فانيليا

الاتجاهات

a) سخني الفرن إلى 375 درجة فهرنهايت (190 درجة مئوية).

b) في وعاء خلط كبير ، اخلطي الدقيق والزبدة والمكسرات ونصف كوب سكر وملح وفانيليا. يخلط يدويًا حتى يمتزج جيدًا. تشكيل العجين على شكل كرة. غطيها وضعيها في الثلاجة لمدة ساعة.

c) في هذه الأثناء ، ضعي السكر في وعاء أو وعاء صغير. باستخدام سكين الشيف الحاد ، تقسم حبة الفانيليا بالطول. اكشطي البذور واخلطيها مع السكر. قطّعي الكبسولة إلى قطع بحجم 2 إنش واخلطيها مع السكر.

d) تُرفع العجينة من الثلاجة وتُشكّل على شكل كرات بحجم 1 إنش. دحرج كل كرة في لفافة صغيرة بطول 3 بوصات. قم بإسقاط 2 بوصة على ورقة ملف تعريف الارتباط غير مدهون ، وثني كل واحدة لعمل شكل هلال.

e) تُخبز لمدة 10 إلى 12 دقيقة في فرن مُسخن مسبقًا ، أو حتى تنضج ولكن ليس بنيًا.

f) اتركه لمدة دقيقة واحدة ، ثم أخرجه من أوراق ملفات تعريف الارتباط. ضع ملفات تعريف الارتباط الساخنة على ورقة كبيرة من رقائق الألومنيوم. رشي خليط السكر المحضر. استدر برفق لتغطي على كلا الجانبين. تبرد تمامًا وتخزينها في وعاء محكم في درجة حرارة الغرفة. قبل التقديم مباشرة ، تغطى بمزيد من السكر بنكهة الفانيليا.

70. قطرات التوت البري Hootycreeks

مكونات

- 8/5 كوب دقيق لجميع الأغراض
- 2/1 كوب شوفان
- 2/1 كوب دقيق لجميع الأغراض
- 2/1 ملعقة صغيرة من صودا الخبز
- ملح 2/1 ملعقة صغيرة
- 3/1 كوب سكر بني معبأ
- 3/1 كوب سكر أبيض
- 2/1 كوب توت بري مجفف
- 2/1 كوب رقائق شوكولاتة بيضاء
- 2/1 كوب جوز أمريكي مفروم

الاتجاهات

a) ضع المكونات في وعاء سعة 1 لتر أو 1 لتر ، بالترتيب المذكور.

b) 1.سخني الفرن مسبقًا إلى 350 درجة فهرنهايت (175 درجة مئوية). دهن ورقة بسكويت أو خيط بورق الزبدة.

c) 2- في وعاء متوسط الحجم ، اخفقي نصف كوب زبدة طرية مع بيضة واحدة وملعقة صغيرة من الفانيليا حتى يصبح المزيج رقيقًا. أضيفي إناء المكونات بالكامل ، واخلطيهم معًا يدويًا حتى تمتزج جيدًا. تُسقط عن طريق كومة الملاعق على ورق الخبز المُعد.

d) 3- اخبز لمدة 8 إلى 10 دقائق ، أو حتى تبدأ الحواف في التحول إلى اللون البني. تبرد على ورق الخبز أو إزالتها لتبرد على رفوف الأسلاك.

71. ملفات تعريف الارتباط بقطرة التفاح والزبيب

المحصول: حصة واحدة

مكونات

- 1 عبوة خليط كيك بيلسبري مويست سوبريم يلو
- 1 ملعقة صغيرة قرفة
- نصف ملعقة صغيرة جوزة الطيب
- نصف كوب كريمة حامضة
- 2 بيض
- 1 كوب تفاح مبشور بشكل خشن
- نصف كوب زبيب
- 2 ملاعق كبيرة سكر بودرة
- 4 درزن من ملفات تعريف الارتباط.

الاتجاهات

a) سخني الفرن إلى 350 درجة فهرنهايت. أوراق الشحوم. في وعاء كبير ، يُمزج خليط الكيك مع القرفة وجوزة الطيب والقشدة الحامضة والبيض ؛ تخلط جيدا.

b) يقلب في التفاح والزبيب. أسقط العجين عن طريق كومة ملعقة صغيرة متباعدة بمقدار بوصة واحدة على رقائق البسكويت المدهونة بالزبدة. 2.

c) اخبزي لمدة 10 إلى 14 دقيقة أو حتى تصبح الحواف ذهبية اللون.

d) قم بإزالته على الفور من أوراق ملفات تعريف الارتباط. تبرد لمدة 5 دقائق أو حتى تبرد تماما. يرش السكر البودرة، إذا رغبت في ذلك.

72. ملفات تعريف الارتباط عنبية

المحصول: 30 حصة

مكونات

- 2 كوب دقيق منخول
- 2 ملعقة شاي مسحوق الخبز
- نصف ملعقة صغيرة ملح
- نصف كوب سمن
- 1 كوب سكر
- 2 بيض
- $1\frac{1}{2}$ ملعقة صغيرة قشر ليمون مبشور
- نصف كوب حليب
- 1 كوب من العنب البري الطازج

الاتجاهات

a) ينخل معا الدقيق، ومسحوق الخبز والملح. سمن الكريمة حتى يصبح طريًا ثم يخفق السكر بالتدريج. يضاف البيض وقشر الحامض ويضرب حتى يمتزج جيداً. يُضاف خليط الدقيق بالتناوب مع الحليب ، ويُخفق حتى يصبح ناعمًا بعد كل إضافة.

b) أضعاف في العنب البري. تُسقط بمقدار ملاعق صغيرة على ورق البسكويت المدهون بالزبدة. اخبزيها في 375 لمدة 10-12 دقيقة.

73. ملفات تعريف الارتباط Cherry Drop

المحصول: حصص 48

مكونات

- 1 عبوة كيك شيري سوبريم ديلوكس
- نصف كوب زيت طبخ
- 2 ملاعق كبيرة ماء
- 2 بيض
- بضع قطرات من تلوين الطعام الأحمر
- 1 كوب مكسرات مقطعة
- مقسمة إلى أرباع كرز الماراشينو

الاتجاهات

a) سخن الفرن إلى 350 درجة. اخلطي خليط الكيك والزيت والماء والبيض والملون الغذائي. يقلب في المكسرات. تُسقط من ملعقة صغيرة على ورقة بسكويت غير مدهونة. ضع ربع حبة كرز ماراشينو على كل ملف تعريف ارتباط.

b) اخبزيها لمدة 10-12 دقيقة. تبرد على ورقة البسكويت لمدة دقيقة واحدة ، ثم على الرف لإنهاء التبريد.

74. الكوكيز قطرة الكاكاو

المحصول: 5 دزينة

مكونات

- نصف كوب سمن
- 1 كوب سكر
- 1 بيضة
- نصف كوب من اللبن
- 1 ملعقة صغيرة فانيليا
- $1\frac{3}{4}$ كوب طحين لجميع الأغراض
- نصف ملعقة صغيرة صودا
- نصف ملعقة صغيرة ملح
- نصف كوب كاكاو
- 1 كوب جوز أمريكي مفروم (أو جوز)

الاتجاهات

a) تقصير كريم يضاف السكر تدريجياً مع الخفق حتى يصبح خفيفاً ورقيق. يضاف البيض ويضرب جيدا. أضيفي اللبن الرائب وخلاصة الفانيليا.

b) يُمزج الدقيق والصودا والملح والكاكاو ؛ يضاف إلى خليط الكريما ويضرب جيدا. يقلب في البقان. عجينة تبرد لمدة ساعة.

c) قم بإسقاط العجين بواسطة ملاعق صغيرة ، على بعد بوصتين ، على أوراق البسكويت المدهونة بالزبدة.

d) اخبزيها على حرارة 400 درجة لمدة 8 إلى 10 دقائق.

75. تاريخ ملء الكوكيز إسقاط

المحصول: 30 ملف تعريف ارتباط

مكونات

- 4 أكواب من خليط البسكويت الأساسي
- نصف ملعقة صغيرة قرفة
- 2 بيض مخفوق
- 1 كوب تمر مفروم
- 3 ملاعق كبيرة سكر
- 1 ملعقة صغيرة فانيليا
- نصف كوب ماء أو لبن
- نصفين الجوز
- 3 ملاعق كبيرة ماء
- كوب مكسرات مقطعة

الاتجاهات

a) في قدر صغير يُمزج التمر والسكر والماء. يُطهى على نار متوسطة لمدة تتراوح من 5 إلى 10 دقائق مع التحريك حتى يصبح كثيفًا. ازالة من الحرارة.

b) بارد قليلا. يقلب في المكسرات المفرومة. توضع جانبا لتبرد. يسخن الفرن إلى 375. ادهن صواني الخبز بقليل من الدهن. في وعاء كبير ، اخلطي خليط البسكويت والقرفة والبيض والفانيليا والماء أو اللبن. تخلط جيدا. ضع ملعقة صغيرة على صفائح الخبز المعدة.

c) ملعقة صغيرة ونصف ملعقة صغيرة من حشوة التمر فوق كل قطعة بسكويت لتخفيض العجينة قليلاً. غطي كل منها بملعقة صغيرة أخرى من العجين. ضعي فوقها نصف الجوز. اخبز لمدة 10 إلى 12 دقيقة.

76. طعام الشيطان يسقط ملفات تعريف الارتباط

المحصول: 6 حصص

مكونات

- 1 كوب سكر بني
- نصف كوب زبدة طرية
- 1 ملعقة صغيرة فانيليا
- 2 أونصة (2 مربعات) شوكولاتة غير محلاة
- 1 بيضة
- 2 كوب دقيق
- نصف ملعقة صغيرة من صودا الخبز
- نصف ملعقة صغيرة ملح
- نصف كوب كريمة حامضة
- ربع كوب جوز مفروم

صقيع الموكا:

- $1\frac{1}{2}$ كوب سكر بودرة
- 2 ملاعق كبيرة كاكاو غير محلى
- نصف كوب زبدة طرية
- 1 إلى 2 ملعقة صغيرة. حبيبات القهوة سريعة الذوبان
- $1\frac{1}{2}$ ملعقة صغيرة فانيليا
- 2 إلى 3 ملاعق كبيرة. حليب

الاتجاهات

بسكويت:

a) سخني الفرن إلى 350 درجة. أوراق الشحوم. في وعاء كبير ، اخفقي السكر البني ونصف كوب من الزبدة حتى تصبح خفيفة ورقيقة. أضف 1 ملعقة صغيرة. الفانيليا والشوكولاته والبيض. تخلط جيدا.

b) ضع ملعقة طحين في كوب القياس ؛ مستوى قبالة. في وعاء صغير ، يُمزج الدقيق مع صودا الخبز والملح. أضف المكونات الجافة والقشدة الحامضة إلى خليط الشوكولاتة ؛ اخلط جيدا.

c) يقلب مع الجوز. تُسقط عن طريق كومة ملعقة صغيرة بقطر 2 بوصة على أوراق البسكويت المدهونة بالزبدة ، تُخبز في 350 لمدة 10 إلى 14 دقيقة أو حتى تنضج.

d) بارد 1 دقيقة إزالتها من أوراق ملفات تعريف الارتباط. تبرد تماما.

صقيع:

e) في وعاء صغير ، اخلطي جميع مكونات الزينة مع إضافة كمية كافية من الحليب للحصول على قوام الدهن المرغوب ؛ حتى مزيج سلس. انتشر على ملفات تعريف الارتباط المبردة. اتركي التجميد لضبط قبل التخزين.

77. بسكويت هيكوري نوت دروب

المحصول: حصة واحدة

مكونات

- 2 كوب سكر
- 1 كوب سمن وفاز أيضا
- 2 بيض
- 1 كوب حليب حامض أو كوب من اللبن
- 4 أكواب طحين
- 1 ملعقة صغيرة من صودا الخبز
- 1 ملعقة صغيرة بيكنج بودر
- 1 كوب مكسرات مقطع
- 1 كوب زبيب مقطع

الاتجاهات

a) ينخل الصودا والبيكنج بودر في الدقيق.

b) يُمزج باقي المكونات ويُخلط جيدًا.

c) أسقط بمقدار ملعقة صغيرة على ورقة البسكويت.

d) تخبز في درجة حرارة 375 فهرنهايت.

78. كوكيز قطرة الأناناس

المحصول: حصة واحدة

مكونات

- نصف كوب زبدة
- نصف كوب سكر
- 1 كل بيضة
- كوب أناناس. مجففة ومسحوقة
- $1\frac{1}{4}$ كوب دقيق منخل
- ملح؛ قرصة
- نصف ملعقة صغيرة من صودا الخبز
- نصف ملعقة صغيرة بيكنج بودر
- نصف كوب لحوم البندق

الاتجاهات

a) زبدة الكريمة والسكر وإضافة المكونات المتبقية. اخلطي جيداً ، ضعي نصف ملعقة صغيرة على ورقة البسكويت.

b) تُخبز في الفرن عند 375 درجة فهرنهايت.

79. ملفات تعريف الارتباط بالزبيب والأناناس

المحصول: حصص 36

مكونات

- نصف كوب زبدة
- نصف ملعقة صغيرة فانيليا
- 1 كوب سكر بني معبأ
- 1 بيضة
- نصف كوب زبيب
- كوب أناناس مجروش، مصفى
- $2\frac{1}{2}$ كوب طحين
- 1 ملعقة صغيرة بيكنج بودر
- 1 ملعقة صغيرة من صودا الخبز
- نصف ملعقة صغيرة ملح

الاتجاهات

a) تُخفق الزبدة والفانيليا والسكر حتى تصبح خفيفة ورقيقة. أضيفي البيض والقشدة جيداً. أضيفي الزبيب والأناناس. نخل المكونات الجافة معًا. يُضاف تدريجياً إلى خليط الكريما. يقلب حتى يمتزج جيدًا.

b) تُسقط بملعقة صغيرة على أوراق البسكويت المدهونة بالزبدة. اخبز لمدة 12-15 دقيقة في فرن مسخن مسبقًا 375 درجة فهرنهايت.

80. الكوكيز قطرة الكوسة

المحصول: 36 حصة

مكونات

- 1 كوب كوسة مبشورة
- 1 ملعقة صغيرة من صودا الخبز
- 1 كوب سكر
- نصف كوب دهن أو زبدة
- 1 بيضة؛ للضرب
- 2 كوب دقيق
- 1 ملعقة صغيرة قرفة
- ملعقة صغيرة قرنفل مطحون
- نصف ملعقة صغيرة ملح
- 1 كوب مكسرات مقطعة
- 1 كوب زبيب

الاتجاهات

a) اخلطي الكوسة والصودا والسكر والزبدة والبيض المخفوق معًا. ينخل الدقيق والقرفة والقرنفل والملح. يقلب حتى يمتزج. أضيفي الزبيب والمكسرات وضعي الخليط بالملعقة الصغيرة على ورق البسكويت المدهون.

b) تخبز في فرن 375 فهرنهايت مسخن لمدة 12-15 دقيقة. يجعل 3 دزينة.

ساندويش الكوكيز

81. كوكيز شوكولاتة ترافل

يصنع حوالي 16 ملف تعريف ارتباط

مكونات

- 8 ملاعق كبيرة (1 عصا) زبدة غير مملحة
- 8 أونصات شوكولاتة داكنة (64٪ كاكاو أو أعلى) ، مفرومة خشنة
- كوب دقيق لجميع الأغراض غير مبيض أو دقيق خالي من الغلوتين
- 2 ملاعق كبيرة مسحوق كاكاو معالج هولنديًا (99٪ كاكاو)
- ملعقة صغيرة ملح بحري ناعم
- نصف ملعقة صغيرة من صودا الخبز
- 2 بيضة كبيرة في درجة حرارة الغرفة
- نصف كوب سكر
- 2 ملاعق صغيرة من خلاصة الفانيليا
- 1 كوب رقائق الشوكولاتة الداكنة (64٪ كاكاو أو أعلى)

الاتجاهات:

a) تُذوّب الزبدة والشوكولاتة الداكنة في غلاية مزدوجة على نار خفيفة مع التحريك من حين لآخر حتى تذوب تمامًا. تبرد تماما.

b) يُمزج الدقيق ومسحوق الكاكاو والملح وصودا الخبز في وعاء صغير. اجلس جانبا.

c) باستخدام الخلاط الكهربائي ، اخفق البيض والسكر في وعاء كبير على سرعة عالية حتى يصبح خفيفًا ورقيقًا ، لمدة دقيقتين تقريبًا. نضيف الفانيليا ، ثم نضيف الشوكولاتة المذابة والزبدة ونخفق لمدة دقيقة إلى دقيقتين ، حتى تمتزج.

d) اكشطي جوانب الوعاء واستخدمي ملعقة مطاطية كبيرة وحركي المكونات الجافة حتى تتجانس. أضعاف رقائق الشوكولاتة. يغطى بغلاف بلاستيكي ويوضع في الثلاجة لمدة 4 ساعات على الأقل.

e) ضع الرف في وسط الفرن وقم بتسخين الفرن مسبقًا إلى 325 درجة فهرنهايت. ضعي ورق الزبدة على صينية الخبز.

f) بلل يديك بالماء ولف العجين إلى كرات بحجم 2 بوصة ، وضعها على بعد حوالي 2 بوصة على ورقة الخبز المبطنة. اعمل بسرعة ، وإذا كنت تخبز ملفات تعريف الارتباط على دفعات ، فقم بتبريد العجين المتبقي بين الدورات.

g) اخبزيها لمدة 12 إلى 13 دقيقة ، حتى ترتفع الحواف قليلاً ويتم ضبط الوسط في الغالب. أخرجيها من الفرن واتركيها تبرد في المقلاة لمدة 10 دقائق على الأقل ، ثم انقليها إلى الرف واتركيها تبرد تمامًا.

لتجميع شطائر الآيس كريم

h) نضع ملفات تعريف الارتباط على صينية الخبز وتتجمد لمدة ساعة. قم بتنعيم 1 لتر من الآيس كريم حتى تصبح مغرفة. أحب أن أبقيه بسيطًا ومستخدمًاآيس كريم حلو، ولكن يمكنك استخدام أي نكهة تريدها.

i) قم بإزالة ملفات تعريف الارتباط من الفريزر ، واعمل بسرعة ، ضع 2 إلى 4 أونصات من الآيس كريم في ملف تعريف الارتباط. قم بتنعيم الآيس كريم عن طريق وضع كعكة أخرى فوقها. يكرر.

j) عندما تنتهي من تجميع كل السندويشات ، أعدها إلى الفريزر لمدة ساعتين على الأقل لتتجمد.

82. شطائر الشوفان بالكريمة

يصنع 24 كوكيز

:

مكونات

- 1½ كوب دقيق لجميع الأغراض غير مبيض
- 2 كوب شوفان سريع الطهي (دقيق شوفان سريع التحضير)
- 1 ملعقة صغيرة من صودا الخبز
- نصف ملعقة صغيرة قرفة مطحونة
- نصف رطل (2 سيقان) زبدة غير مملحة طرية
- 1½ كوب سكر بني فاتح معبأ
- ملعقة صغيرة ملح بحري ناعم
- 1 ملعقة صغيرة فانيليا
- 2 بيضة كبيرة في درجة حرارة الغرفة
- 1 لتر آيس كريم من اختيارك

الاتجاهات:

a) ضع الرف في وسط الفرن وقم بتسخين الفرن مسبقًا إلى 325 درجة فهرنهايت. ضعي ورق البرشمان على ورقتي خبز.

b) يُمزج الدقيق والشوفان وصودا الخبز والقرفة في وعاء ويخلط جيدًا. باستخدام الخلاط الكهربائي، اخفقي الزبدة في وعاء كبير حتى تصبح ناعمة وكريمة.

c) نضيف السكر والملح ونخفق حتى يصبح الخليط فاتح اللون ورقيق. كشطت نزولا إلى الجوانب من القصع حسب الحاجة. يضاف مستخلص الفانيليا ويضرب فقط ليمتزج.

d) أضيفي البيض واحدًا تلو الآخر ، واخفقي جيدًا بعد كل إضافة. يجب أن يكون الخليط ناعمًا ودسمًا.

e) أضيفي نصف المقادير الجافة واخلطيها على سرعة منخفضة حتى تمتزج. أضيفي الدقيق المتبقي واخلطي حتى يتجانس. احرص على عدم إرهاق العجين.

f) استخدم ملعقة 1 أونصة لتقسيم العجين على ورق الخبز ، مع تباعد ملفات تعريف الارتباط حوالي 2 بوصة.

g) افرد البسكويت قليلاً بكعب يدك أو بالجزء الخلفي من ملعقة خشبية.

h) اخبز ملفات تعريف الارتباط لمدة 7 دقائق. قم بتدوير المقلاة واخبزها لمدة 4 إلى 6 دقائق أخرى ، أو حتى يتحول لون الكعك إلى اللون البني الفاتح جدًا على الحواف ولكن بالكاد توضع في المنتصف.

i) دع ملفات تعريف الارتباط تبرد لمدة 10 دقائق على صينية الخبز. ثم رصها في وعاء أو في كيس تجميد سعة 1 جالون من Ziploc وقم بتجميدها لمدة ساعتين.

j) لتجميع السندويشات الكريمية ، ضعي 3 حبات كوكيز مجمدة على صينية. ضع ملعقة مستديرة (2 إلى 3 أونصات) من الآيس كريم المخفف قليلاً على كل ملف تعريف ارتباط.

k) ضعي فوقها ثلاثة ملفات تعريف ارتباط أخرى ، واضغطي على البسكويتين معًا حتى يتماسك الآيس كريم ويلتقي بالحواف الخارجية.

l) ضع شطائر الكريمة المجمعة بالكامل مرة أخرى في الفريزر وكرر الأمر مع البسكويت المتبقي.

83. كريم باف وكيك إكليرز الدائري

يصنع من 6 إلى 12 حصص

مكونات

- 1 كوب ماء فاتر
- 4 ملاعق كبيرة (نصف عود) زبدة غير مملحة ، مقطعة إلى قطع
- 1 كوب دقيق لجميع الأغراض غير مبيض أو دقيق خالي من الغلوتين
- 4 بيضات كبيرة بدرجة حرارة الغرفة
- كاسترد مجمّد بنكهة الفانيليا المالحةأوكاسترد مملح وشوكولاتة وحليب الماعز مثلج
- صقيل الشوكولاتة(استخدم 4 ملاعق كبيرة من الحليب كامل الدسم)

الاتجاهات:

a) سخني الفرن إلى 400 درجة فهرنهايت.

b) يُمزج الماء والزبدة في قدر متوسط الحجم ويُترك ليغلي مع التحريك لإذابة الزبدة. يُسكب الدقيق بالكامل ويُمزج حتى يتكوّن الخليط على شكل كرة.

c) يُرفع عن النار ويُخفق في البيض واحدًا تلو الآخر باستخدام الخلاط الكهربائي.

لنفخات الكريمة

d) تُسكب ستة أكوام فردية من العجين مقاس 4 بوصات على ورقة بسكويت غير مدهونة (للحصول على نفث أصغر ، اصنع اثني عشر كومة بحجم 2 بوصة). اخبز حتى يصبح لونها بنيا ذهبيا ، حوالي 45 دقيقة. نخرجه من الفرن ونتركه يبرد.

لإكلير

e) ضع كيسًا من المعجنات برأس عادي بوصة ، ثم ضع ستة إلى اثني عشر شريطًا مقاس 4 بوصات على ورقة ملف تعريف الارتباط غير مدهون. اخبز حتى يصبح لونها بنيا ذهبيا ، حوالي 45 دقيقة. نخرجه من الفرن ونتركه يبرد.

لكعكة الخاتم

f) أسقط حتى ملاعق من العجين على ورقة بسكويت غير مدهونة لصنع 12 بوصة بيضاوية. اخبزيها حتى يصبح لونها بنياً ذهبياً ، من 45 إلى 50 دقيقة. نخرجه من الفرن ونتركه يبرد.

لتجميع

g) تحضير التزجيج. قطعي الكيك الكريمي أو الإكلير أو الكيك الدائري إلى نصفين. املأ الآيس كريم ، ثم ضع الجزء العلوي (الأغطية) مرة أخرى.

h) بالنسبة إلى نفث الكريمة ، اغمس الجزء العلوي من كل نفخة في الشوكولاتة. بالنسبة للإكلير ، اسكبي طبقة التزجيج بسخاء عليها. لتحضير كعكة الحلبة ، قلّبي 5 ملاعق كبيرة إضافية من الحليب في التزجيج ؛ رشيها فوق كعكة الحلبة.

i) للتقديم ، رتبي المعجنات أو شرائح الكيك على أطباق.

84. ساندويتش آيس كريم كوكي

:

مكونات

- 12 كوكيز شوكولاتة
- 2 كوب آيس كريم فانيليا (أو نكهات أخرى) مخففة

الاتجاهات:

a) ضع ملفات تعريف الارتباط على صينية في الفريزر.

b) انشر الآيس كريم الملين في مقلاة أو وعاء بسماكة 2/1 بوصة وأعد تجميده. عندما تصبح صلبة مرة أخرى ، ولكن ليس قاسية ، اقطع 6 دوائر من الآيس كريم لتناسب ملفات تعريف الارتباط. انقل الآيس كريم من المقلاة بحذر إلى 6 ملفات تعريف الارتباط.

c) قمة مع ملف تعريف الارتباط الثاني. اضغط لأسفل لإغلاقه جيدًا وتجميده حتى يصبح جاهزًا للأكل. إذا تم تجميدها جيدًا ، أخرجها من الفريزر لمدة 10 إلى 15 دقيقة قبل أن ترغب في تناولها وإلا ستكون قاسية جدًا.

d) تناول الطعام في غضون يومين.

6 خدمات

85. سندويتشات الفراولة الايطالية

يصنع: من 12 إلى 16 سندويش

مكونات

- 1 كوب سمن غير ألبان مخفف
- 4/3 كوب سكر قصب مبخر مقسم
- 2 ملاعق صغيرة من خلاصة الفانيليا
- 1-2 / 4 أكواب طحين متعدد الأغراض غير مبيض

الاتجاهات

a) في وعاء كبير ، اخفقي المارجرين مع نصف كوب من السكر والفانيليا حتى تمتزج جيدًا. نضيف الدقيق على دفعات ونخلط حتى تنضج العجينة. قسّم العجينة إلى نصفين وشكل كل نصف على شكل جذع مستطيل بطول 5 بوصات وعرض 3 بوصات وطول بوصتين. نرش ربع الكوب المتبقي من السكر على سطح نظيف ولف كل قطعة منها لتغطي السطح الخارجي. لف كل قطعة في غلاف بلاستيكي وضعها في الثلاجة لمدة ساعتين على الأقل.

b) سخني الفرن إلى 375 درجة فهرنهايت. خط ورقتين الخبز مع ورقة شهادة جامعية.

c) قم بإزالة سجلات عجينة البسكويت من الثلاجة. باستخدام سكين حاد ، قم بتقطيع جذوع الأشجار إلى شرائح بسمك 4/1 بوصة ، واضغط على جوانب السجل أثناء قصه للحفاظ على شكله. ضع شرائح البسكويت على ورق الخبز المجهز بمسافة 1 بوصة. اخبزيها لمدة 8 إلى 10 دقائق ، أو حتى تصبح الحواف بنية خفيفة.

d) بعد إخراجها من الفرن ، اتركي ملفات تعريف الارتباط تبرد في المقلاة لمدة 5 دقائق ، ثم انقليها إلى رف سلكي. دع ملفات تعريف الارتباط تبرد تمامًا. تخزينها في وعاء محكم

86. سندويتشات كيك الجزر

يصنع: من 12 إلى 16 سندويش

مكونات

- 2 كوب دقيق لجميع الأغراض غير مبيض
- 2/1 ملعقة صغيرة بيكنج بودر
- 2 ملعقة صغيرة قرفة مطحونة
- 2/1 ملعقة صغيرة من الزنجبيل المطحون
- 4/1 ملعقة صغيرة جوزة الطيب المطحون
- 4/1 ملعقة صغيرة ملح
- 4/3 كوب من السمن النباتي غير الألبان ، في درجة حرارة الغرفة
- 1 كوب سكر بني غامق معبأ
- 2/1 كوب سكر قصب مبخر
- 2 ملاعق صغيرة من خلاصة الفانيليا
- 1-1 / 2 كوب جزر مبشور ناعماً (حوالي 2 جزر متوسط الحجم)
- 3/1 كوب جوز هند مبشور محمص (اختياري)
- 3/1 كوب جوز مطحون (اختياري)

الاتجاهات

a) سخني الفرن إلى 350 درجة فهرنهايت. خط ورقتين الخبز مع ورقة شهادة جامعية.

b) في وعاء صغير ، يُمزج الطحين والبيكنج بودر والقرفة والزنجبيل وجوزة الطيب والملح. في وعاء كبير ، اخلطي المارجرين والسكر البني وقصب السكر والفانيليا معًا. أضف المكونات الجافة إلى الرطب على دفعات حتى تصبح ناعمة ، ثم اخلط الجزر المبشور وجوز الهند والجوز ، إذا كنت تستخدم.

c) باستخدام قطارة ملفات تعريف الارتباط أو ملعقة كبيرة ، قم بإسقاط مغارف العجين الممتلئة على صفائح الخبز المحضرة على بعد حوالي 2 بوصة. اضغط برفق على كل ملف تعريف ارتباط لأسفل قليلاً.

d) اخبزيها لمدة 9 إلى 11 دقيقة ، أو حتى تصبح الحواف ذهبية قليلاً. أخرجيها من الفرن واتركيها تبرد على صينية الخبز لمدة 5 دقائق ، ثم أخرجيها لتبرد على رف سلكي. دع ملفات تعريف الارتباط تبرد تمامًا. تخزينها في وعاء محكم

87. آيس كريم الزنجبيل والمكسرات

يصنع: 1 لتر

- 2 كوب حليب خالي من الألبان (نسبة عالية من الدهون ، مثل الصويا أو القنب)
- 4/3 كوب سكر قصب مبخر
- 1 ملعقة صغيرة زنجبيل مطحون
- 1 ملعقة صغيرة فانيليا
- 1-1 / 2 كوب كاجو خام
- 16/1 ملعقة صغيرة صمغ الغوار
- 3/1 كوب من الزنجبيل المفروم ناعماً

الاتجاهات

a) في قدر كبير ، اخفقي الحليب مع السكر. على نار متوسطة ، يُغلى المزيج ويُخفق باستمرار. بمجرد أن تصل درجة الغليان إلى درجة الغليان ، اخفضي الحرارة إلى متوسطة منخفضة واخفقي باستمرار حتى يذوب السكر ، لمدة 5 دقائق تقريبًا. يُرفع عن النار ويُضاف الزنجبيل والفانيليا ويُخفق المزيج.

b) ضعي الكاجو في وعاء مقاوم للحرارة وصبي فوقه خليط الحليب الساخن. دعها تبرد تماما. بمجرد أن يبرد ، انقل المزيج إلى محضر طعام أو خلاط عالي السرعة وقم بمعالجته حتى يصبح ناعمًا ، وتوقف لكشط الجوانب حسب الحاجة. قرب نهاية المعالجة ، رشي صمغ الغوار وتأكدي من امتزاجه جيدًا.

c) صب الخليط في وعاء من آلة صنع الآيس كريم 1-1 / 2- أو 2 لتر ، وقم بالمعالجة وفقًا لتعليمات الشركة المصنعة. بمجرد أن يصبح الآيس كريم جاهزًا ، اخلطي الزنجبيل بلطف. تخزينها في حاوية محكمة الإغلاق في الفريزر لمدة ساعتين على الأقل قبل تجميع السندويشات.

لعمل السندويتشات

d) دع الآيس كريم ينضج قليلاً حتى يسهل سكبه. ضع نصف ملفات تعريف الارتباط على سطح نظيف. ضع مغرفة واحدة كبيرة من الآيس كريم ، حوالي 3/1 كوب ، فوق كل ملف تعريف ارتباط. ضعي قطع البسكويت المتبقية فوق الآيس كريم ، بحيث تلامس قيعان البسكويت الآيس كريم.

e) اضغط برفق على ملفات تعريف الارتباط لتسويتها. قم بلف كل غلاف بلاستيكي أو ورق مشمع ثم أعده إلى الفريزر لمدة 30 دقيقة على الأقل قبل التقديم.

88. كوكي شوكولاتة وساندويتش فانيليا

مكونات

- 3/1 كوب مارجرين غير ألبان بدرجة حرارة الغرفة
- 3/2 كوب سكر قصب مبخر
- 2 ملاعق كبيرة حليب خالي من الألبان
- 4/1 ملعقة صغيرة خل معتدل
- 1 ملعقة صغيرة فانيليا
- 4/3 كوب دقيق لجميع الأغراض غير مبيض
- 3/1 كوب من الكاكاو غير المحلى ، منخول
- 2/1 ملعقة صغيرة بيكنج بودر
- 8/1 ملعقة صغيرة ملح

الاتجاهات

a) سخني الفرن إلى 375 درجة فهرنهايت. ضعي ورق الزبدة على صينية الخبز.
b) في وعاء متوسط ، اخلطي المارجرين والسكر معًا. أضيفي الحليب والخل والفانيليا. في وعاء صغير ، اخلطي الدقيق والكاكاو والبيكنج باودر والملح. أضف المكونات الجافة إلى الرطب واخلط جيدًا.
c) اقلبه على ورقة الخبز المعدة. ضع ورقة من الورق المشمع فوق العجينة وافردها على شكل مربع بسمك 4/1 بوصة. أزيلي الورق المشمع واخبزيه لمدة 10 إلى 12 دقيقة ، حتى تتماسك الأطراف وتصبح منتفخة قليلاً. سيبدو طريًا وغير مخبوز تمامًا ، لكنه كذلك.
d) أخرجيها من الفرن واتركيها تبرد لمدة 15 دقيقة على صينية الخبز على رف سلكي. قطّعي الكوكيز بعناية إلى الشكل المطلوب. يمكنك استخدام قطاعة زجاجية أو بسكويت لجعلها مستديرة ، أو تعظيم العجين عن طريق تقطيعها إلى مربعات متساوية الحجم.
e) قم بإزالة ملفات تعريف الارتباط من الورقة واتركها تنتهي من التبريد على الرف.

89. ساندويتش آيس كريم فانيليا صويا

يصنع: 1-1 / 4 ليترات

مكونات

- 4/3 كوب سكر قصب مبخر
- 1 ملعقة كبيرة بالإضافة إلى 2 ملعقة صغيرة نشا التابيوكا
- 2-1 / 2 كوب حليب الصويا أو القنب (كامل الدسم)
- 1 ملعقة صغيرة زيت جوز الهند
- 2 ملاعق صغيرة من خلاصة الفانيليا

الاتجاهات

a) في قدر كبير ، اخلطي السكر ونشا التابيوكا واخفقي حتى يتجانس. صب الحليب مع الخفق لدمجها.

b) على نار متوسطة ، يُغلى المزيج ويُخفق باستمرار. بمجرد أن تصل درجة الغليان ، اخفضي الحرارة إلى متوسطة منخفضة وخفقي باستمرار حتى يثخن الخليط ويغطي ظهر الملعقة ، لمدة 5 دقائق تقريبًا. يُرفع عن النار ويُضاف زيت جوز الهند والفانيليا ويُمزج المزيج معًا.

c) انقل المزيج إلى وعاء مقاوم للحرارة واتركه يبرد تمامًا.

d) صب الخليط في وعاء من آلة صنع الآيس كريم 1-1 / 2- أو 2 لتر ، وقم بالمعالجة وفقًا لتعليمات الشركة المصنعة. تخزينها في حاوية محكمة الإغلاق في الفريزر لمدة ساعتين على الأقل قبل تجميع السندويشات.

لعمل السندويتشات

e) دع الآيس كريم ينضج قليلاً حتى يسهل سكبه. ضع نصف ملفات تعريف الارتباط على سطح نظيف. ضع مغرفة واحدة كبيرة من الآيس كريم ، حوالي 3/1 كوب ، فوق كل ملف تعريف ارتباط.

f) ضعي قطع البسكويت المتبقية فوق الآيس كريم ، بحيث تلامس قيعان البسكويت الآيس كريم. اضغط برفق على ملفات تعريف الارتباط لتسويتها.

g) لف كل شطيرة في غلاف بلاستيكي أو ورق مشمع وأعد إلى الفريزر لمدة 30 دقيقة على الأقل قبل التقديم.

90. ساندويتش آيس كريم إكس راي

يصنع: من 12 إلى 16 سندويش

مكونات

- 2 كوب دقيق لجميع الأغراض غير مبيض
- 1 ملعقة صغيرة من صودا الخبز
- 4/1 ملعقة صغيرة ملح
- 1 كوب مارجرين غير ألبان بدرجة حرارة الغرفة
- نصف كوب سكر بني معبأ
- 2/1 كوب سكر قصب مبخر
- 1 ملعقة صغيرة نشا ذرة
- 2 ملاعق كبيرة حليب خالي من الألبان
- 1-1 / 2 ملاعق صغيرة من خلاصة الفانيليا

الاتجاهات

a) سخني الفرن إلى 350 درجة فهرنهايت. خط ورقتين الخبز مع ورقة شهادة جامعية.

b) في وعاء صغير ، يُمزج الدقيق ، صودا الخبز ، والملح. في وعاء كبير ، اخلطي المارجرين والسكر البني وقصب السكر معًا. يُذوّب نشا الذرة في الحليب في وعاء صغير ويُضاف إلى مزيج السمن مع الفانيليا. أضف المكونات الجافة إلى الرطب على دفعات واخلطها حتى تصبح ناعمة.

c) باستخدام قطارة ملفات تعريف الارتباط أو ملعقة كبيرة ، اسقط ملاعق كبيرة من العجين على ورق الخبز المحضر على بعد حوالي 2 بوصة. اخبزيها لمدة 8 إلى 10 دقائق ، أو حتى تصبح الحواف ذهبية قليلاً.

d) أخرجيها من الفرن واتركيها تبرد في المقلاة لمدة 5 دقائق ، ثم أخرجيها لتبرد على رف سلكي. دع ملفات تعريف الارتباط تبرد تمامًا. تخزينها في وعاء محكم.

91. آيس كريم شوكولاتة صويا

يصنع: 1-1 / 4 ليترات

مكونات

- 4/3 كوب سكر قصب مبخر
- 3/1 كوب من الكاكاو غير المحلى ، منخول
- 1 ملعقة كبيرة نشا تابيوكا
- 2-1 / 2 كوب حليب الصويا أو القنب (كامل الدسم)
- 2 ملاعق صغيرة زيت جوز الهند
- 2 ملاعق صغيرة من خلاصة الفانيليا

الاتجاهات

a) في قدر كبير ، اخلطي السكر والكاكاو ونشا التابيوكا واخفقي حتى يتجانس الكاكاو والنشا في السكر. صب الحليب مع الخفق لدمجها. على نار متوسطة ، يُغلى المزيج ويُخفق باستمرار.

b) بمجرد أن تصل درجة الغليان ، اخفضي الحرارة إلى متوسطة منخفضة وخفقي باستمرار حتى يثخن الخليط ويغطي ظهر الملعقة ، لمدة 5 دقائق تقريبًا. يُرفع عن النار ويُضاف زيت جوز الهند والفانيليا ويُخفق المزيج جيدًا.

c) انقل المزيج إلى وعاء مقاوم للحرارة واتركه يبرد تمامًا.

d) صب الخليط في وعاء من آلة صنع الآيس كريم 1-1 / 2- أو 2 لتر ، وقم بالمعالجة وفقًا لتعليمات الشركة المصنعة. تخزينها في حاوية محكمة الإغلاق في الفريزر لمدة ساعتين على الأقل قبل تجميع السندويشات.

e) دع الآيس كريم ينضج قليلاً حتى يسهل سكبه. ضع نصف ملفات تعريف الارتباط على سطح نظيف. ضع مغرفة واحدة كبيرة من الآيس كريم ، حوالي 3/1 كوب ، فوق كل ملف تعريف ارتباط. ضعي قطع البسكويت المتبقية فوق الآيس كريم ، بحيث تلامس قيعان البسكويت الآيس كريم.

f) اضغط برفق على ملفات تعريف الارتباط لتسويتها. غلفي كل شطيرة في غلاف بلاستيكي أو ورق شمعي ، وأعيديها إلى الفريزر لمدة 30 دقيقة على الأقل قبل التقديم.

92. سندويتشات دبل شوكولاتة

يصنع: من 12 إلى 16 سندويش

مكونات

- 1 كوب دقيق لجميع الأغراض غير مبيض
- 2/1 كوب كاكاو مخبوز غير محلى ومنخول
- 2/1 ملعقة صغيرة من صودا الخبز
- 4/1 ملعقة صغيرة ملح
- 4/1 كوب رقائق شوكولاتة غير ألبان ، مذابة
- 2/1 كوب سمن غير ألبان مخفف
- 1 كوب سكر قصب مبخر
- 1 ملعقة صغيرة فانيليا

الاتجاهات

a) سخني الفرن إلى 325 درجة فهرنهايت. خط ورقتين الخبز مع ورقة شهادة جامعية.

b) في وعاء متوسط الحجم ، يُمزج الدقيق ومسحوق الكاكاو وصودا الخبز والملح. في وعاء كبير ، باستخدام خلاط كهربائي محمول باليد ، اخلطي الكريمة معًا رقائق الشوكولاتة المذابة والسمن والسكر والفانيليا حتى تمتزج جيدًا. أضف المكونات الجافة إلى الرطب على دفعات حتى تمتزج بالكامل.

c) ضع كرات صغيرة من العجين ، بحجم قطعة رخامية كبيرة (حوالي 2 ملاعق صغيرة) على صفائح الخبز المحضرة على بعد حوالي 2 بوصة. دهن ظهر ملعقة كبيرة برفق واضغط برفق وبشكل متساوٍ على كل ملف تعريف ارتباط حتى يصبح مسطحًا ويبلغ عرضه حوالي 1-1 / 2 بوصة. اخبزيها لمدة 12 دقيقة أو حتى تتماسك الحواف. إذا كنت ستخبز كلا الصفيحتين في نفس الوقت ، فقم بتدوير الأوراق في منتصف الطريق.

d) بعد إخراجها من الفرن ، اتركي ملفات تعريف الارتباط تبرد في المقلاة لمدة 5 دقائق ، ثم انقليها إلى رف سلكي. دع ملفات تعريف الارتباط تبرد تمامًا. تخزينها في وعاء محكم

93. ساندويتش آيس كريم شوكولاتة بجوز الهند

يصنع: 1 لتر

مكونات

- 3/4 كوب سكر قصب مبخر
- 1/3 كوب من الكاكاو غير المحلى ، منخول
- علبة واحدة (13.5 أونصة) من حليب جوز الهند كامل الدسم (ليس خفيفًا)
- 1 كوب حليب خالي من الألبان
- 1 ملعقة صغيرة فانيليا

الاتجاهات

a) في قدر كبير ، اخلطي السكر والكاكاو واخفقي حتى يتجانس الكاكاو مع السكر. صب حليب جوز الهند والحليب الخالي من الألبان ، واخفق المزيج. على نار متوسطة ، يُغلى المزيج ويُخفق باستمرار. بمجرد أن تصل درجة الغليان إلى درجة الغليان ، اخفضي الحرارة إلى متوسطة منخفضة واخفقي باستمرار حتى يذوب السكر ، لمدة 5 دقائق تقريبًا. تُرفع عن النار وتُضاف الفانيليا وتُخفق حتى تمتزج.

b) انقل المزيج إلى وعاء مقاوم للحرارة واتركه يبرد تمامًا.

c) صب الخليط في وعاء من آلة صنع الآيس كريم 1-1 / 2 أو 2-quart وعملية وفقًا لتعليمات الشركة المصنعة. تخزينها في حاوية محكمة الإغلاق في الفريزر لمدة ساعتين على الأقل قبل تجميع السندويشات.

d) دع الآيس كريم ينضج قليلاً حتى يسهل سكبه. ضع نصف ملفات تعريف الارتباط على سطح نظيف. ضع مغرفة واحدة كبيرة من الآيس كريم ، حوالي 1/3 كوب ، فوق كل ملف تعريف ارتباط. ضعي قطع البسكويت المتبقية فوق الآيس كريم ، بحيث تلامس قيعان البسكويت الآيس كريم.

e) اضغط برفق على ملفات تعريف الارتباط لتسويتها. لف كل شطيرة في غلاف بلاستيكي أو ورق مشمع وأعد إلى الفريزر لمدة 30 دقيقة على الأقل قبل التقديم.

94. موز شوكولاتة مجمدة

مكونات

- 4 حبات موز صغيرة متماسكة ولكنها ناضجة

- 6 أوقية. شوكولاتة بالحليب مقطعة إلى قطع

- 6 ملاعق كبيرة كريمة ثقيلة

- 4 ملاعق كبيرة عصير برتقال

الاتجاهات

a) جمد الموز في قشره لمدة ساعتين تقريبًا.

b) تذوب الشوكولاتة في مقلاة صغيرة مع الكريمة وعصير البرتقال مع التحريك من حين لآخر حتى تذوب وتصبح ناعمة. تصب في وعاء بارد وتترك حتى تبدأ في التكاثف وتبرد. لا تدعها تصبح باردة جدًا وإلا فلن تغطي بسهولة.

c) أخرج الموز من الفريزر وأزل قشره بدقة. اغمس كل موزة في الشوكولاتة لتغطيها جيدًا ، ثم انزعها باستخدام سيخ خشبي طويل أو اثنين. ضع الموز فوق الوعاء بينما تقطر الشوكولاتة الزائدة. ثم نضع الموز على ورق مشمع حتى تتماسك الشوكولاتة. قطّع إلى قطعتين أو ثلاث قطع وأعد إلى الفريزر حتى يصبح جاهزًا للتقديم.

d) أدخل عصا المصاصة في كل قطعة للتقديم ، إذا كنت ترغب في ذلك.

e) لا يتم حفظ هذا الموز جيدًا ويجب تناوله في يوم صنعه.

95. ساندويتش آيس كريم كوكي

مكونات

- 12 كوكيز شوكولاتة
- 2 كوب آيس كريم فانيليا (أو نكهات أخرى) مخففة

الاتجاهات

a) ضع ملفات تعريف الارتباط على صينية في الفريزر.

b) انشر الآيس كريم الملين في مقلاة أو وعاء بسماكة 2/1 بوصة وأعد تجميده. عندما تصبح صلبة مرة أخرى ، ولكن ليس قاسية ، اقطع 6 دوائر من الآيس كريم لتناسب ملفات تعريف الارتباط. انقل الآيس كريم من المقلاة بحذر إلى 6 ملفات تعريف الارتباط.

c) قمة مع ملف تعريف الارتباط الثاني. اضغط لأسفل لإغلاقه جيدًا وتجميده حتى يصبح جاهزًا للأكل. إذا تم تجميدها جيدًا ، أخرجها من الفريزر لمدة 10 إلى 15 دقيقة قبل أن ترغب في تناولها وإلا ستكون قاسية جدًا.

d) تناول الطعام في غضون يومين.

6 خدمات

سنیکر دودل

96. دقيق الذرة

المحصول: 4 حصص

مكونات

- 1 كوب زبدة غير مملحة في الغرفة
- درجة الحرارة
- نصف كوب عسل
- نصف كوب سكر
- 2 بيضة كبيرة بدرجة حرارة الغرفة
- مبشور ناعم من 1
- ليمون
- نصف ملعقة صغيرة فانيليا
- $1\frac{1}{2}$ كوب طحين
- 1 كوب دقيق ذرة صفراء
- 1 ملعقة صغيرة بيكنج بودر
- نصف ملعقة صغيرة ملح
- السكر لف ملفات تعريف الارتباط

الاتجاهات

a) تُخفق الزبدة والعسل والسكر معًا. يخفق البيض ويقلب في قشر الليمون والفانيليا. في وعاء منفصل ، يُمزج الدقيق مع دقيق الذرة والبيكنج باودر والملح.

b) تقلب المكونات الجافة في خليط الكريما على مرحلتين حتى تمتزج بشكل متساو. غطي العجينة وضعيها في الثلاجة لمدة 3 ساعات.

c) يمكن تبريده طوال الليل. يُسخن الفرن إلى 375 ويُدهن رقائق البسكويت. شكل العجين على شكل كرات بحجم 14 بوصة. دحرج الكرات في السكر وضعها على صفائح متباعدة عن بعضها بمسافة 2 بوصة.

d) اخبزيها لمدة 15 دقيقة حتى تصبح الطبقة العلوية مقاومة قليلاً لضغط الإصبع اللطيف.

e) تبرد على الرف.

97. سنيكر دودلز قليل الدسم

المحصول: حصة واحدة

مكونات

- 1½ كوب سكر
- نصف كوب سمن
- 1 ملعقة صغيرة فانيليا
- نصف كوب بيض بديل
- 2¾ كوب طحين
- 1 ملعقة صغيرة كريمة التارتار
- نصف ملعقة صغيرة من صودا الخبز
- نصف ملعقة صغيرة ملح
- 2 ملاعق كبيرة سكر
- 2 ملاعق صغيرة قرفة

الاتجاهات

a) يخفق 1½ كوب سكر ومارجرين حتى يضيء. يخفق في الفانيليا وبديل البيض. أضيفي الدقيق ، كريمة التارتار ، الصودا والملح. تبرد العجين حوالي 1 - 2 ساعة.

b) يُمزج 2 ملاعق كبيرة من السكر والقرفة. شكل العجين إلى كرات مقاس 48 - 1 بوصة. تُلف في مزيج السكر / القرفة.

c) ضع الكرات على أوراق البسكويت التي تم رشها بمحلول بام.

d) اخبز في 400 لمدة 8 إلى 10 دقائق. تبرد على رفوف الأسلاك.

98. سنيكر دودلز القمح الكامل

المحصول: 60 حصة

مكونات

- $1\frac{1}{2}$ كوب سكر
- 1 كوب زبدة طرية
- 1 بيضة بلس
- 1 بياض بيضة
- $1\frac{1}{2}$ كوب دقيق قمح كامل
- $1\frac{1}{4}$ كوب دقيق لجميع الأغراض
- 1 ملعقة صغيرة من صودا الخبز
- نصف ملعقة صغيرة ملح
- 2 ملاعق كبيرة سكر
- 2 ملاعق صغيرة قرفة مطحونة

الاتجاهات

a) في وعاء الخلط ، اخفقي السكر والزبدة حتى يصبح المزيج رقيقًا. يضاف البيض والبيض. وفاز أيضا. الجمع بين المكونات الجافة. يضاف إلى خليط الكريما ويخفق جيدا. في وعاء صغير ، اخلطي مكونات التزيين.

b) شكل العجين إلى كرات بحجم الجوز ؛ لفة في سكر القرفة.

c) ضع 2 في صفيحة خبز غير مدهونة. اخبز في 400 لمدة 8-10 دقائق.

d) تنتفخ ملفات تعريف الارتباط جيدًا وتتسطح أثناء خبزها.

99. شراب البيض snickerdoodles

المحصول: حصص 48

مكونات

- $2\frac{3}{4}$ كوب دقيق لجميع الأغراض
- 2 ملاعق صغيرة كريمة التارتار
- $1\frac{1}{2}$ كوب سكر
- 1 ملعقة صغيرة من صودا الخبز
- 1 كوب زبدة طرية
- نصف ملعقة صغيرة ملح
- 2 بيض
- ملعقة صغيرة من خلاصة البراندي
- نصف ملعقة صغيرة من خلاصة الروم

خليط السكر

- نصف كوب سكر أو سكر ملون
- 1 ملعقة صغيرة جوزة الطيب

الاتجاهات

a) سخن الفرن: 400 في 3 كوارت. وعاء الخلاط يجمع بين جميع مكونات البسكويت.

b) اخفقي المزيج بسرعة منخفضة مع كشط جوانب الوعاء كثيرًا ، حتى تمتزج جيدًا (من 2 إلى 4 دقائق).

c) في وعاء صغير ، يُمزج مزيج السكر. يحرك حتى يمتزج. شكلي ملعقة صغيرة مدورة من العجين على شكل كرات بحجم 1 إنش ؛ ضعيها في خليط السكر.

d) ضعي 2 بوصة على صفائح البسكويت غير مدهون ، اخبزيها بالقرب من وسط 400 فرن لمدة 8 إلى 10 دقائق أو حتى تحمر الحواف قليلاً.

100. شوكولاتة سنيكر دودلز

المحصول: حصة واحدة

مكونات

- $2\frac{1}{4}$ كوب سكر
- 2 ملاعق صغيرة بهار فطيرة اليقطين
- نصف كوب مسحوق كاكاو
- 1 كوب زبدة طرية
- 2 بيض
- 2 ملاعق صغيرة من خلاصة الفانيليا
- $2\frac{1}{4}$ كوب طحين
- $1\frac{1}{2}$ ملعقة صغيرة بيكنج بودر

الاتجاهات

a) في وعاء كبير ، اخلطي السكر والبهارات معًا. يوضع نصف كوب من الخليط جانباً في وعاء مسطح.

b) أضف مسحوق الكاكاو إلى وعاء الخلاط ؛ يحرك حتى يمتزج. أضف الزبدة فاز بسرعة متوسطة حتى رقيق.

c) اخلطي البيض والفانيليا. يضاف الدقيق والبيكنج باودر.

d) تشكل العجين على شكل كرة ولفها في خليط السكر المحفوظ.

e) كرر الإجراء مع العجين المتبقي وضع 2 بوصة على شرائح البسكويت مدهون بالزبدة.

f) تُخبز في فرن بدرجة 350 درجة لمدة تتراوح بين 12 و 15 دقيقة أو حتى تتماسك الحواف. تبرد على رف السلك.

g) يصنع حوالي $4\frac{1}{2}$ دزينة من ملفات تعريف الارتباط.

استنتاج

من لا يحب ملف تعريف الارتباط. فكر فقط: بدون الأفران ، لن نحصل على هذه الحلوى اللذيذة. في الواقع ، تم اختراع ملف تعريف الارتباط في الأيام التي سبقت منظمات الحرارة ، كاختبار لمعرفة ما إذا كانت الأفران البدائية هي درجة الحرارة المناسبة لخبز الكعك. بدلاً من إتلاف كعكة كاملة ، تم أولاً اختبار "كعكة صغيرة" أو ملف تعريف ارتباط. في ذلك الوقت ، لم يكن أحد يعتقد أن "كعكة الاختبار" ستصبح متعة خاصة بها.

ملفات تعريف الارتباط عبارة عن كعكات صغيرة وحلوة ومسطحة وجافة - وهي عبارة عن طعام أصبع يقدم مرة واحدة. تعتمد بشكل عام على الدقيق ، ولكن يمكن أن تكون خالية من الدقيق - مصنوعة من بياض البيض و / أو اللوز مثل المعكرون ، على سبيل المثال - أو مصنوعة من دقيقٍ خالٍ من الغلوتين ، مثل دقيق الأرز. يمكن أن تكون ملفات تعريف الارتباط طرية أو قابلة للمضغ أو مقرمشة. يمكن أن تكون كبيرة أو صغيرة ، عادية أو خيالية. يمكن أن تكون بسيطة - الزبدة والسكر - أو معقدة ، مع العديد من المكونات ، أو مصنوعة في شطائر البسكويت ، طبقتان وملء. لكنهم بدأوا منذ فترة طويلة ، ليس كعلاج أو طعام مريح ، ولكن كمنظم فرن!

www.ingramcontent.com/pod-product-compliance
Lightning Source LLC
Chambersburg PA
CBHW071607080526
44588CB00010B/1045